Investment

Investment

這是一本徹底推翻你投資思維的書

誰偷走你的

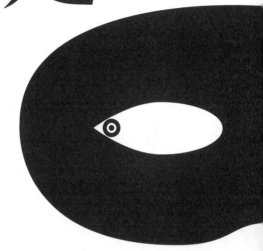

WHO STOLE
YOUR PROFITS ?

獲利？

陳志彥　著

目錄

▋ 推薦序　與我一起來享受此書的箇中經典

　　兩次與作者陳志彥的碰面，頭一次是在中國上海，第二次是在「國家政策研究基金會」（智庫）。我眼中的陳志彥：沉穩、內斂，是一位務實、宏觀、金融市場經驗豐富的金融專才。

　　陳志彥是一位在台灣養成的資深金融實業家，2009 年我隨「台中市金融主管協會」赴上海，進行金融業深度參訪，幸得常年駐守中國大陸的陳志彥接待，受惠於他的在地實務金融經驗，讓那回的上海金融參訪，豐富許多。

　　2010 年，兩岸金融交流正如火如荼地快速進展，一回國政基金會的兩岸金融議題座談會中，我又遇見陳志彥。他於會中的精闢建言，讓人深刻感受到他在兩岸金融議題上的深入與務實。猶記得那時，他剛出爐的新書《我被大陸金融業嚇到了》，以第一線在地觀察，清楚剖析中國大陸金融產業地圖，讓人大感驚艷。

　　這次，我很高興得知他又將讓一本有利金融市場參與者的「益書」出爐，更榮幸有機會替他撰序。這位資深的兩岸金融實業家，將他對金融市場運作的了解、金融工具操作的熟稔，以及金融實務上的深度見解，化為此本新書《誰偷走你的獲利》，實為金融市場及投資人士再添「佳音」一則。此書著重金融商品「投資」議題，從實際的角度切入，將金融市場中許多披上糖衣的財務面及金融面「虛擬假象」，以務實的筆調勾勒出真相，並教導讀者如何簡單抓住金融市場動態，為在金融市場中想要獲利的投資客，把關穩健獲利的投資趨勢。

　　前言中，一段話語我很認同「只要是在這個行業從事夠久時間的人（且誠實面對自己的人）應該都知道：我們其實根本就不知道未來的金融走勢？……我們所給出的答案都只是我們猜測的答案而已，而且我們所猜測的答案並不會比問我的人（或其他任何人）更為準確」，這樣的話語，頗讓我心有戚戚。誠如書中所提到的那部金融電影「華爾街之狼」（The Wolf of Wall Street）的經典劇情，主管對初入證券

業男主角所說「股票市場中，沒有人會真正知道股票將會上漲還是下跌……」。

我在大學教授財務金融，學生也常提出一些金融疑惑。那些學理上明白呈現、過去曾經發生的問題，讓我有充足的信心地給予提問者滿意的答覆；但一旦觸及「未來金融走勢」的相關提問，就頂多以基本學理與過往經驗，加上市場宏觀的角度，盡所能地去做預判分析，然而，每每給出狀似「肯定」的答覆時，就越發心虛地空泛起來。

的確，「預見未來」是一件極度困難的事，教書的也好、實務的也好……有誰敢說他在金融工具操作上一定能夠百分之百穩操勝算。許多投資達人，常是「事後諸葛」地大肆吹捧自己過往投資獲利佳績，殊不知，這些人多半是運氣造就、或者是時機作嫁，才能成就他投資獲利的生命恩典。所以這本書開宗就告訴我們，投資別當個自信的傻瓜。因為我們總是會看錯金融市場走勢、不斷想追求確定性、更經常不理性……，且預測金融市場的走勢根本是一種假象。

　　《誰偷走你的獲利》還有許多精彩的內容:「你可能看太多財經資訊了、沒有穩賺不賠的投資方法、越簡單的系統越不容易失敗……」,最後還正確教導你如何打贏一場輸家的遊戲。朋友們,與我一起享受此書的箇中經典吧。

淡江大學財務金融學系教授 聶建中

▌前言　你那麼聰明，為什麼投資都賠錢？

「首先你必須學習遊戲的規則，知道規則之後，你所需要做的就是比其他人玩得更好。」

——愛因斯坦

　　我在一個很奇怪的行業服務了十餘年。這句話是我過去在金融業服務的經驗總結，為什麼我會這麼說呢？過去我在銀行業的財富管理相關工作服務了十餘年，服務過外商銀行與本國的銀行，每當在一些社交場合認識了新朋友，這些朋友知道我的職業後，經常都會問我：未來什麼基金會漲？美元還會跌嗎，會跌多久？黃金還會不會繼續漲，會漲到多少？……等等相關的問題，好像我一定會知道金融市場未來的走勢。沒錯，我的確是在從事財富管理相關工作，也的確是「應該」要知道這些答案，因為這都是我每天需要關心且面臨的問題，不是嗎？但每次我在回答類似問題的時候，其實心裡面都是很忐忑不安的，因為只要是在這個行業從事夠久時間的人(且誠實面對自己的人)應該都知道：我們其實根本就不知道未來的金融走勢？而且我們並不知道哪一支基金會不會漲？我們也不會知道美元匯率會不會繼續下跌？我們更不會知道金價是否會攀升？我們所給出的答案都只是我們猜測的答案而已，而且我們所猜測的答案並不會比問我的

人（或其他任何人）更為準確。事實上，沒有任何人能夠準確地預測金融市場短期的走勢！相信我，沒有任何人！這跟我的專業水準沒有任何的關係，跟我的學歷是否要有碩士（雖然我有）或博士（我沒有）也毫不相干，不論你詢問的對象是誰、在金融業有多久的時間、有多高的學歷，其實他對金融市場短期走勢的預測都不會因此而比較準確。

　　嚴格來說金融市場也不是完全都無法預測，比較準確的說法應該是，預測的準確度與時間的長短成正比。也就是短期的走勢是隨機變化的，沒有任何人能夠持續準確地預測短期走勢。但金融市場的長期走勢相對來說，就比較能夠預測，從過去的歷史資料證明，金融市場的長期走勢預測準確的機率較高的。問題是，當你告訴別人長期的走勢，而長期是指五年、十年甚至二十年的時候，聽的人應該都會沒有興趣地掉頭離開。大多數人都只想知道下一週、下一個月、最多是到下一季的變化，但偏偏這樣的預期並不實際。所以並不是我們不願意告訴別人「真話」，而是「真話」通常比較無趣、乏味、缺少刺激，大家只想知道如何短期快速地致富，最好是一夜之間就能夠賺進數百萬。但是我們仔細冷靜地想一想，如果有個人有能力知道金融市場的短期變化，進而能夠短期快速致富，你覺得他會那麼好心告訴你嗎？其實在金融機構服務那麼多年，我很清楚一個真正專業且嚴謹的財富管理流程，應該是像醫生問診、把脈、開藥一樣，要謹慎地

先了解客戶的財務需求，然後幫客戶衡量其投資風險的屬性，最後才根據這些資料設計出一套投資組合。但現實中，我們也知道，真正會如此去做的理財人員少之又少，最簡單的做法就是繼續「裝著」很專業的樣子，很有自信地評論金融市場的變化，反正投資人相信就好，會不會因此而虧損已經沒那麼重要了。

這是一個很奇怪的行業。因為在這個行業中，大家的眼光都只看短期，都不願意說真話，因為長期投資代表的是無聊、無趣甚至不專業，而真話代表的是冗長的銷售流程、繁重的員工教育訓練與伴隨而來可能表現不好的業績（至少短期會如此），所以大家就繼續「假裝」下去。

上述這樣的現象也反映出民眾實際的投資理財結果。我們看到許多原本抱著高度期待或者聽從銀行理專吹噓，想靠著理財產品獲利的民眾，最後看到自己的資金不僅沒有獲取比定存多的利潤，反而還虧損。更糟的是，在盈虧自負的情況之下，民眾根本就無法舉證投資虧損，是因為信賴金融機構的專業所造成的損失，賠錢了也只能夠自認倒楣別無他法。

這樣的結果導致現在許多的民眾已經不再相信銀行的財富管理業務與產品，銀行理專也不再像過去那樣受到民眾的信賴。這點，從我在幾所大學財金系兼課的經驗中就可以看出。我在多所大學的財務金融系兼課，教授投資理財相關的

課程，修課的學生主要都是財務金融系的學生，每次課程的第一堂課我都會問這些學生，「你們將來畢業後想從事什麼行業？」毫無疑問地，大多數財金系的學生都將金融行業列為將來就業的首選，接著我會問：「你們想在金融業裡從事怎麼樣職務的工作？」但很奇怪的是，此時就很少有學生會肯定地告訴我，他／她將來要從事「理財專員」的工作！每次聽到這樣的答案，我都會很好奇地問這些學生們，「如果將來不想從事理財專員，那麼你為什麼要考那麼多的金融證照？這些金融證照中絕大多數都是理財專員的工作所要求的啊！」很多學生這時就告訴我，因為他／她們認為「理財專員」好像不是一種具專業性的工作，好像「有很多做金融投資的客戶都會賠錢！」

　　上述種種的原因促使我寫這本書，我希望藉由本書告訴讀者，正確的投資理財觀念是什麼，在金融市場中想要獲利說難也不難，說簡單也不簡單，真正認識金融市場的本質，你就能夠輕鬆地獲利，但是多數人都誤解了金融市場，導致不斷陷入投資虧損的困局，一直在當個自信的傻瓜。

　　本書的內容大致分為三個部分，第一個部分是從第一章到第三章，這個部分主要是探討金融市場的本質。為什麼人們總是一再看錯金融市場的走勢，且參與金融投資的人很多，但絕大多數人都沒有真正搞清楚金融投資是怎麼一回事。簡單來說，金融市場的本質就是：它是一個具有高度隨

機性與不確定性的系統。這個觀念很重要，唯有清楚地認清這個事實，我們才能夠避免犯下很多無謂的投資錯誤。第二個部分是從第四章到第七章，這個部分探討我們在面對投資時，最常犯下的錯誤有哪些？以及為什麼會犯這些錯誤？清楚了解我們可能犯錯的原因與行為之後，我們才能夠導正這些錯誤，進而走上正確投資的道路。最後一個部分是從第八章到第十章，這個部分我想跟讀者分享正確的投資方法。很多人認為投資與經濟相關事務非常複雜難懂，經濟與金融市場的確是很複雜且充滿高度的不確定性，但是正確的投資觀念與方法卻不複雜。這個部分就是要告訴讀者如何用簡單的投資方法，獲取長期穩定的投資報酬。

愛因斯坦曾經說過：「如果你沒有辦法將一件事情用很簡單的方式解釋給別人聽，那麼表示你對這件事情的了解還不夠透徹。」，因此能夠用簡單的方式來描述投資觀念是很重要的，為了嘗試做到這點，我會在每一章節的開頭部分，使用與一位 11 歲小女孩的對話比喻來說明每章所要傳達的投資觀念。

以上就是本書的架構內容。愛因斯坦說：「要在某項活動中成功，首先你必須學習玩這個活動的方法，知道方法之後，你所需要做的就是比其他人玩得更好，如此而已。」

我們現在就一起來學學玩投資這項活動的方法吧！

1

為什麼我們總是看錯
金融市場的走勢？

「通常不會是那種你完全不熟悉的事情害慘你，而是那
種你誤以為自己很熟悉的事情害慘你」

——馬克吐溫（Mark Twain）

小女孩：叔叔，電視上那個一直在跳動的數字是什麼東西？

我　　：那是股票的價錢。

小女孩：股票是什麼東東？

我　　：股票就是代表一家公司的權利，擁有越多這家公司的股票就表示擁有越多這家公司的權利，例如你很喜歡看迪士尼卡通，如果你買了迪士尼公司的股票，就表示你擁有一部分迪士尼公司的權利，當越多人看迪士尼卡通的話，迪士尼公司就越賺錢，擁有迪士尼股票的人也就會賺到錢。

小女孩：好像還是有點不懂，那股票的價錢為什麼會變來變去？

我　　：因為想買股票的人跟想賣股票的人對於成交的價錢會有不同的看法，所以價錢就會變動，例如去年我想用熊大的玩偶跟你換新的冰雪奇緣玩偶，結果你怎麼樣都不肯，你說要熊大加上饅頭人才

肯跟我換，我當時不肯。但是，上個月你就說願
意用冰雪奇緣玩偶跟我換熊大玩偶，每個人的想
法是會經常改變的。

小女孩：不過我現在又覺得還是比較喜歡我原來的艾莎（冰
雪奇緣玩偶），我想跟你換回來。

我　　：可以啊，但是要熊大玩偶加上你的芭比娃娃我才
要把冰雪奇緣玩偶換給你。

小女孩：為什麼？之前我只用艾莎換了熊大玩偶，怎麼可
以再加上芭比娃娃，這樣不公平！

我　　：這跟公不公平無關，不同的時間點你對於某項東西
的成交條件本來就會改變，股票也是如此，所以
你現在知道為什麼股票的價錢會變來變去了吧？

小女孩：我好像懂了！

▎金融市場具有高度的不確定性

每個投資人在參與投資之前一定要知道一件事情，那就
是：**金融市場具有高度的不確定性**。特別是短期，金融市場
的走勢是非常不確定的，而且人們非常討厭這種不確定性的
感覺，這是什麼意思呢？

我們先來看心理學領域的一個經典實驗，稱為艾爾斯伯

格悖論（Ellsberg Paradox），實驗的人員面對兩個甕，A 甕裡面有同樣數量的紅球與黑球，也就是紅球與黑球的比率是 50：50，而 B 甕裡面也同樣有紅球與黑球，只是不清楚紅球與黑球的比率是多少。

現在受試者有兩個選擇要做，第一、拿出哪個顏色的球？第二、從哪個甕裡面拿？當受試者做選擇的時候，不論是選擇要拿紅球或黑球，多數人都會選擇從紅球與黑球分配比率確定是 50：50 的 A 甕去拿，這就產生一個奇怪的現象。假設受試者選擇從 A 甕拿紅球，那麼表示他認為 B 甕的紅球比率是比較少的，但也就是說 B 甕的黑球比率應該比較高，那麼以合理性來說，受試者應該是選擇從 B 甕拿出黑球才對。但很明顯的，多數人不願意選擇 B 甕，因為 B 甕的紅黑球分配比率是不確定的，而 A 甕至少是明確的 50：50，人們厭惡不確定的感覺。

這種現象運用到投資上也是一樣，人們比較喜歡明確的風險而厭惡不確定的風險，而且我們對於不確定的風險無所適從，不知道該怎麼處理，所以我們會有種錯覺，認為明確的風險是比較小的，因而做出一些錯誤的投資決策，這就是一種控制的假象，以為自己做了聰明的決定，但事實上不然。

這種控制的假象最明顯的例子，就是認為我們能夠預測金融市場的短期走勢。事實上，由於金融市場的高度不確定

性，人們在預測金融市場的短期走勢上是相當糟糕的，但人們依然會誤認自己有此能力。這種控制的假象出現的最主要原因，是因為人們將事情的運氣與技巧這兩種成分搞混了，很多因為運氣的成功被誤認為是技巧。更糟的是，當我們這麼做而造成嚴重損失的時候，我們會盡快想辦法讓大腦忘記這些事情，以至於之後又繼續重複這些錯誤，如此不斷地循環下去。

曾有學術研究報告顯示，金融市場中，存在控制的假象越嚴重的交易員，其投資績效越差。這種心理也是人們追高殺低的主要原因：當人們認為一切都在自己的掌控當中，就會用高價進場投資，而當市場大跌時，人們認為自己再也無法掌握市場走勢，就會在低點賣掉投資。

2013 年底上演了一部由美國好萊塢明星李奧納多所主演的電影《華爾街之狼》（The Wolf of Wall Street），這是一部由真實故事改編的電影，描寫美國一家專門賣垃圾股票給投資人的證券公司，電影當中有一幕是男主角第一天到證券公司，中午主管邀請他共進午餐，用餐時主管告訴他：

「股票市場中，沒有人會真正知道股票將會上漲還是下跌……」

意思就是告訴男主角，不會有人真正知道股價未來會如何，搞不好你吹噓的股票還真的就大漲了也不一定，所以你就放心地去跟客戶吹噓股票將會如何如何地漲就對了，而這

就是在華爾街成功的祕訣。雖然這是一部描述證券詐騙的電影，但是這位主管說的話卻也是不爭的事實。

綜上所述，可以發現，我們並不知道「自己不知道未來將會發生什麼事情」，我們甚至連可能會發生什麼事情都搞不清楚，而且人們非常不喜歡這種感覺，傾向忽略這種感覺而喜歡明確的未來。

▌經濟的測不準原理

先鋒（Vanguard）基金公司是美國指數基金界最有名的基金公司，其創辦人也是鼎鼎大名的約翰‧伯格（John Bogle）先生，他曾提及當他大學畢業首次進入社會工作，當時的投資公司主管跟他說：「在華爾街，每個人都認為自己了解金融市場，每個人都會對金融市場有自己的看法，但別相信這些。」這句話讓他印象深刻，也開啟了他日後創辦指數基金的信心。

就像每逢選舉前，雖然很多人都會發表自己對選情結果的看法，但是選票還沒有開出之前，沒有什麼事情是百分之百確定的，即使是選情相對樂觀的一方，誰都不敢說自己百分之百確信某個候選人會當選，因為選舉也是具有高度的不確定性。選前雖然很多媒體都做過大量的民調，但民調畢竟是針對小樣本的採樣，這個小樣本不一定能夠完全呈現總體

選民的情況。就算小樣本是準確的，也還是有可能會發生突發事件，別忘了台灣過去兩次選前的槍擊事件，導致選舉的結果出現了戲劇性的變化，所以針對選情我們只能夠說，某人的當選機率可能高一些。金融市場也是如此，當我們買進某檔股票或基金，顯然我們是看好這些金融商品未來的價格會上漲，但事實上金融市場比政治選舉更難預測。

　　關於這點，《精準預測》（The Signal and the Noise）的作者奈特‧席佛（Nate Silver），有很詳盡的說明，在2008 年美國總統大選，他成功地預測出 49 州的總統得票獲勝者，因此被譽為預測鬼才，專精各種領域的預測。他在書中詳細地分析了各種經常需要用到預測的領域，包括政治、氣象、賭博、經濟……等等，他提到：

　　「預測經濟比預測政治選舉更為困難，因為預測經濟的人會面臨到至少三個難題：

　　1. 沒有因果關係的相關。

　　2. 不斷變化的經濟。

　　3. 經濟資料的雜訊很多。

　　下面就以這三個難題一一說明為什麼金融市場的短期變化如此難以預測。

▌ 沒有因果關係的相關

　　我們最常在電視上聽到的經濟數據大概就是**國內生產毛額（GDP）**，媒體經常都會報導台灣（或某個國家）的國內生產毛額上一季表現如何如何，因為人們普遍都已經將國內生產毛額的成長當成是一個國家經濟表現最主要的指標，中國更傳聞各省官員的升遷績效就是看該省國內生產毛額的表現，可見國內生產毛額的重要性。對投資人來說，股市是經濟的櫥窗、也是領先指標，因此投資人自然會認為一個國家的國內生產毛額如果表現良好，那麼就表示該國的經濟活動是活絡的，當然股市也會表現良好，所以國內生產毛額的數據總是會受到各界的關注。

　　但是你曾經想過，GDP 的好壞真的跟股市的漲跌有很大的關係嗎？如果你從 2008 年金融海嘯之後就經常關注財經新聞，那麼過去這五、六年你一定不敢投資美國或歐洲股市，因為美國除了在 2014 年經濟的表現開始好轉之外，在 2013 年之前的五年，我們大部分聽到的美國 GDP 數據都不理想。歐洲更慘，不僅經濟復甦緩慢，整個 2012 年都受到「歐豬五國」債務危機的影響，GDP 數據表現慘不忍睹。所以合理想像，這幾年的美國與歐洲股市應該表現也不好，對吧？錯了，美國股市從 2009 年的低點算起，到 2013 年底，已經上漲了 168%，而歐洲經濟即使到了 2013 年底仍然是

一片低迷，看不到復甦的情況，股市在這段期間卻是上漲了
71% 之多！

　　為什麼會如此呢？經濟的好壞不是跟股市的漲跌有正相
關嗎？為什麼經濟表現不好，股市反而是上漲的呢？其實這
就是一種「沒有因果關係的相關」，人們在分析經濟議題的
時候經常會犯下這種錯誤，人們常常會拿兩個事情來說明：
假如 A 下跌，則 B 就會下跌（或上漲），這樣的分析很容
易懂，但是卻經常會誤導投資人，因為 A 與 B 之間的相關
性可能不是那麼的明顯，在經濟事務上，很少是受到單一因
素所影響的。回到剛才我們提到的國內生產毛額也是如此，
學術界與業界都曾經研究發現，國內生產毛額與股市的關係
並非投資人想像的那麼直接，甚至可能根本就沒有關係。

　　GMO 是美國一家投資管理公司，2012 年 8 月，該公司
發表了一份研究報告，報告中詳細地分析了 1980~2010 年
這 30 年之間，全球主要已開發國家股市（美國、英國、日
本等）與 GDP 之間的關係，分析的結果顯示，兩者竟然是
呈現些微的「負相關性」，也就是說在這 30 年當中，比較
多的時候是出現 GDP 下降但股市卻上漲的現象，或反之，
GDP 成長上升但股市卻下跌。研究人員認為可能是分析樣
本的時間不夠久，因此另外分析了這些國家從 1900~2000
年這長達 100 年的資料，結果顯示兩者同樣是呈現「負相關
性」，而且更為明顯！此時研究人員又認為，可能不同的國

家會有不同的情況，因此又分析了新興市場國家（台灣、香港、新加坡、南非、南韓等）的 GDP 與股市之間的關係，看看是不是會呈現不同的情況。從這些國家的 1980~2010 年這三十年的資料分析來看，結果跟已開發國家是類似的，也是呈現些微的「負相關性」，所以不論是**已開發國家或者是新興市場國家，其 GDP 的成長與股市之間都是呈現「反向」的關係。**

最後，GMO 投資管理公司在其研究報告中得出幾個結論：

1. GDP 的成長與股市之間並不存在特別明顯的相關性。

2. 一個國家即使是 GDP 表現很不好，該國的股市也有可能表現優異。

3. 投資人願不願意投資股市，主要還是依據對投入股市的風險程度高低來決定，而不是國家 GDP 的表現。

2013 年 3 月英國經濟學人雜誌（The Economist）有一篇文章，標題為：經濟成長與股市（Growth and the markets），文章中也提到，根據學術的研究發現，統計美國 GDP 成長與股市從 1970~2012 年的資料顯示，這兩者之間並沒有相關性。另有一篇研究報告，統計 1972~2009 年全球 83 個國家的股市，顯示如果投資在 GDP 成長表現最好的幾個國家股市，平均每年的投資報酬率為 18.4%，好像

還不錯，對吧！但是如果投資在 GDP 成長表現最差的幾個國家股市，平均每年的投資報酬率卻是 25.1%，反而是更好的，驚訝吧！

倫敦商學院的教授埃爾羅伊・迪姆森（Elroy Dimson）也曾經做過類似的研究，他分析 53 個國家數十年的資料，然後將這些國家分為經濟成長較高與較低的兩個族群，結果發現經濟成長較高的國家，平均每年的股票市場投資報酬率為 6%，而經濟成長較低的國家，平均每年的股票市場投資報酬率卻是 12%。當他在 2009 年參加一場美國耶魯大學所舉辦的財經研討會分享這個研究成果，他說在場的人士聽到這個結果都像是要從椅子上跌下來一樣，不敢置信！所以根據這個研究結果，迪姆森特別提醒投資人，不要太過於迷信所謂的金磚四國（BRIC）或新興市場（Emerging Markets），甚至是最新的前緣市場（Frontier Markets），投資組合中加入這些市場的用途是分散風險而不是增加獲利，如果投資人在整個投資組合中，加入 5~15% 的新興市場基金，這還算是合理的，若是投資了 30% 甚至更高的資金在這些資產上面，這就不應該了。

全球最大資產管理公司貝萊德投資集團的首席投資策略師孔睿思（Russ Koesterich）對此也提出他的解釋，他說 GDP 不是個很好用的經濟指標，原因有二：

1. GDP 是根據過去已經發生的經濟活動所製作的指標，

而且更換的頻率太慢，因此參考價值不高。

2. GDP 數據經常事後又會修正，甚至可能跟原本的估計數字差距很大。

從上述多位學者專家所做過的研究報告可以知道，經濟成長與股市之間的相關性，其實比我們想像的還要小很多。

所以，讀者現在應該已經知道，股市的上漲或下跌並不是單純「只因為」經濟的好轉或惡化所造成的，知道了這件事，你才不會過於依賴或相信經濟指標。而且，下次如果經濟數據好轉，股市反而卻下跌，你就不會再感到困惑了，因為如同行為經濟學大師羅伯・席勒（Robert J. Shiller）教授所說：「影響股市的因素太多，也太複雜了！」

經濟因素彼此之間存在著複雜的因果關係，就好像是無數條綑在一起的毛線一樣，當你拉動其中一條又會影響到其他的毛線，有時候看似已經找到正確的方向能將毛線拉開，卻反而越拉越緊，所以連多次被財經媒體票選為最佳美國經濟分析師的高盛金融集團知名經濟學家哈齊歐司（Jan Hatzius）都說：「經濟數據中真正有預測能力的東西很少，要找出什麼東西真正有因果關係，是一件很困難的事情。」

▎不斷變化的經濟

除了沒有因果關係的相關之外，預測經濟變化還會面臨

一個很大的問題，那就是經濟是不斷處於變化之中。所以要
預測經濟變化，就像是看西部牛仔的電影，牛仔要用繩子套
住奔跑中的牛那樣困難，因為牛仔本身騎著奔跑的馬，而牛
也是在高速不規則中移動，所以要成功套住牛需要相當高的
技巧。經濟預測也有類似的問題，我們通常都是用一些經濟
指標去觀察經濟活動的變化，但是經濟指標是統計過去的經
濟活動，而未來的經濟活動並不表示就會按照過去的趨勢繼
續下去，所以我們經常會發現經濟指標失靈的情形。

　　就拿**失業率**（unemployment rate）這個經濟指標來說，
雖然它受到很多投資人的關注，但是人們很難從失業率的變
化去正確地判斷出經濟的走勢，失業率經常會被視為一種經
濟的落後指標，因為企業通常是等到經濟活動明顯衰退以
後，才會開始裁員。反之，當經濟復甦，企業也是等到經濟
活動明顯好轉之後，才會開始僱用新員工，所以失業率是一
種落後的經濟指標。但失業率也可能是一種經濟活動的領先
指標，特別是對消費需求來說，因為當失業率上升，失業的
人就會降低購買產品的需求，所以必須等到失業人口重新回
到工作崗位，消費需求才會上升，經濟活動才會跟著好轉，
所以到底哪個是因，哪個是果，在經濟活動中是很難判斷清
楚的，這也是導致失業率指標經常失靈的主要原因。**耐久財
訂單**（Durable Goods Orders）也有類似的問題，這個指標
是衡量製造業訂購耐久財的情況，從過去經驗來看，這個指

標與未來經濟變化的相關性很低，因此也沒有太多的參考價值，其他很多經濟指標也都有這種問題。

所以在觀察這類經濟指標的重點是長期趨勢，例如失業率，只要失業率的趨勢是往下的，就表示經濟是在好轉，那就是好的。儘管偶爾數據會跟市場預期有所差別，例如媒體通常會說公布的指標數據優於（或劣於）預期，造成金融市場的上漲（或下跌）之類的話，不過投資人並不需要太在意這種短期的因素，重點是去觀察長期的趨勢。

▍經濟資料的雜訊很多

經濟預測不準的原因，是因為經濟資料中的雜訊（noise）很多，也就是說經濟指標有時候無法真實呈現經濟活動的原貌，人們就像是戴著一副模糊不清的眼鏡，導致經常會看錯事物的真實情況。舉例來說，**消費者信心指數**（Consumer Confidence Index）這個經濟指標就有這種問題，這是個經常會被提起的經濟指標。這個指標背後的原理是說，消費者對於未來的經濟表現有信心的話，就會更願意去消費，而消費者願意消費就能夠帶動經濟往上成長，就和台灣過去發「消費券」刺激經濟成長的概念是一樣的。所以很多國家都會追蹤消費者的信心指數，例如美國密西根大學的消費者信心指數，這個指標是每個月公布，主要是調查消

費者對於現在經濟情況與未來經濟的信心程度，而投資人也經常會關注這個指標，因為投資人會認為消費者對經濟越有信心，經濟的表現就會越好，自然股市就會上漲。

　　但很多財經專家認為這種經濟指標的參考價值不高，原因是：

1. 這個指標衡量的是消費者的「感覺」，而不是真正的經濟活動，這兩者是不同的。

2. 因為是衡量消費者的「感覺」，所以這個指標的變動幅度很大，因此這不是一個衡量經濟情況好壞的指標。

3. 同一個指標，對不同國家來說意義也會不同。對中國來說，國家的經濟成長主要是靠工業出口在帶動，消費者的消費需求影響國家經濟的程度較低，所以這個指標對於中國來說重要性就會下降；反之，已開發國家例如美國或歐元區的消費者需求影響經濟成長的程度就比較高，因此重要性相對也會較高。

　　由於經濟數據存在著很多雜訊，因此盡量避免用單一數據來判斷經濟的走勢，不然造成誤判的機率會很高。另一種辦法就是盡量參考包含多種數據的經濟指標，例如美國芝加哥聯準會所公布的國家經濟活動指標（Chicago Fed National Activity Index，CFNAI），它是一種比較好的經

濟指標，因為這個指標包含了 85 個經濟指標在內，涵蓋的範圍相當廣，而且通常分析這個指標會用其三個月的移動平均值走勢圖來觀察，這樣能夠比較有效消除一些雜訊，也比較能夠反映美國經濟活動的真實情況。

▌ 有機體與機械的差別

從前面的分析中，我們可以看到，經濟活動的運作跟機器的運作不一樣，如果是一台複雜的機器如洗衣機，不管其內部結構多麼複雜，我們只要按下洗衣的按鈕，機器就會照著我們想要的動作去運轉，所以「按鈕」與「運轉」之間的因果關係是很明顯的。經濟學家與政府財經官員都希望經濟活動就像是個大型複雜的機器，政府按了某個按鈕之後，經濟活動就會按照政府希望的方式去運轉。所以經濟學家用各種複雜的公式與模型來分析金融市場的運作方式，各國的央行透過各種貨幣工具與金融市場操作來控制該國的經濟。例如，利率的升與降，這彷彿就像兩個神奇的按鈕，只要央行靈活運用這兩個按鈕，就能夠控制該國的經濟成長與通貨膨脹。

但實際運用之後，卻時常發現，情況似乎沒有原先想像的那麼完美。例如，理論上來說，當經濟成長低迷，失業率會上升，經濟活動因此降低，通常也會導致物價下跌，也就是通貨膨脹率降低。美國 1970 年代期間，低經濟成長率、

高失業率與高通貨膨脹率經常是同時存在的，也就是經濟學家所稱的「停滯性通貨膨脹」，這個現象讓當時的經濟學家百思不解。其後，經濟學家做了很多的努力與研究，更深入地了解到過度的貨幣供給可能是造成「停滯性通貨膨脹」的主要原因；於是，經過不斷修正之後，美國的經濟表現開始比較順暢，而計量經濟學這個領域也跟著快速地發展起來，同時給人們帶來無限的希望，各種複雜的經濟模型與電腦分析工具紛紛出籠，讓人們一度認為控制經濟活動的循環與預測金融市場的走勢並非做不到。但這樣的期待終於在 2008 年破滅了，當年爆發了百年罕見的金融海嘯，美國一度認為已經消失的經濟大蕭條竟然又重新出現在人們的面前。此時，眾多的經濟學家與財經專家才發現，原來我們對於經濟活動這個系統的認識還遠遠不足。

如果某個事物是屬於「機械」，我們就知道其運作會有一定的模式，只要搞清楚運作的方式，就比較能夠預測它的結果。但如果某個事物是屬於「有機」的，我們就知道它並沒有一套固定的運作模式，所以很難預測結果。例如，人屬於「有機」的，俗話說：一樣米養百樣人、人心難測……等等，說的就是人的思想與行為極其複雜，不是每個人都會有同樣的思考與行為，所以很難預知每個人的行為模式。

這點從經濟指標或經濟模型經常失靈的現象就可以知道，如果金融市場的運作像是機器，那麼從經濟指標的變化

或經濟模型的分析，應該就可以預測經濟活動將會如何變化，但情況並非如此。

▎動物的本能

關於經濟模型的失靈，這個議題我想全球最有感觸的人當屬美國前聯準會（FED）主席葛林斯潘（Alan Greenspan）了，因為他過去就是操控全球最大經濟體的人物。葛林斯潘是美國聯準會史上擔任主席職務最久的人，任期從 1987~2006 年，期間經歷了六屆美國總統的任期，葛林斯潘能夠獲得不同黨派總統的信任，他的經濟專業自然是關鍵因素，他也被媒體稱為「經濟學家中的經濟學家」，原本葛林斯潘能夠以如此傲人的經歷留給自己很好的名聲，但是 2008 年的那場百年罕見的金融海嘯，讓人們將責任歸咎於葛林斯潘，認為是葛林斯潘在其任內力推金融監管的放鬆政策，導致華爾街人士變得更加貪婪、金融機構失去控制、金融市場更加脆弱，才引發了這場金融危機，於是原本一世英名的葛林斯潘頓時成了過街老鼠。

雖然葛林斯潘依然不認為自己必須負最大的責任，但他顯然很在乎 2008 年的那場金融海嘯，他在乎的是：為什麼全世界幾乎沒人（包括他自己在內）預見到 2008 年 9 月的那場危機？就在人們最需要經濟模型的時刻，它卻明顯失靈

了！不僅全球頂尖的金融機構沒有預見到，連擁有最大權力、最多資源與最先進經濟預測模型的美國聯準會也沒有預見到，這點令他感到不解。於是他針對這個問題做了深入的研究，2013 年他發表了研究成果，在《世界經濟的未來版圖》（The Map and The Territory）一書提到：

「就本質來說，不管是誰提出的模型，全都大幅簡化了極為複雜的經濟現實……簡單的模型在課堂上充當教材還算差強人意，但很遺憾的，這些模型一旦走出教育應用到現實世界後，相關成效卻明顯未能盡如人意……」

所以葛林斯潘很清楚地告訴我們，所有的模型都只是簡化的模型。你可能會想，簡化的模型如果某個程度上還能用來解釋現實世界，那也無妨啊！不然就用精確一點的模型就好了，不是嗎？答案是，金融市場中有一個很重要的因素是目前為止經濟學家仍然無法量化計算的，那就是人類的行為，或者經濟學家所稱的「動物本能」，特別是指人類的貪婪與恐懼，這個部分對於經濟活動與金融市場具有很大的影響力，但卻無法量化。

葛林斯潘在書中提到：

「為了釐清這些疑問，我開始研究凱因斯所謂的『動物本能』……也就是人類因為恐懼而產生的風險趨避傾向……重點並非我和其他經濟預測家不了解市場總傾向於表現失

控，甚至會出現在任何理性基礎下不可能出現的狂亂情緒波動。真正的重點是，那樣的不理性行為非常難以衡量……」

在一個相當複雜的系統當中，如金融市場，一個變數的不同可能就會導致一個完全不同的結果，這也是為什麼簡化的經濟模型會無效的原因，即使有些經濟模型幾乎已經將所有能夠量化的經濟活動都包括在內，仍然無法有效預測經濟的走勢，那是因為缺少了無法量化的重要因素，也就是人類的行為（或稱為動物的本能）這個因素。

這也是近年來經濟學領域中一個很重要的分支「行為經濟學」快速發展的重要原因，過去傳統的經濟學教科書都假設人是理性的，會做出理性的決策，但實際觀察就知道，人並非全然是理性的，也經常會做出非理性的決策，所以一群學者開始將心理學融入經濟學，希望藉由對人類心理的了解來更清楚看到經濟活動的變化。這個方向也獲得學術界的認同，如知名的行為經濟學大師康納曼（Daniel Kahneman）。康納曼教授是一名心理學家也是經濟學家，畢生研究人類的心理與行為，他的著作《快思慢想》（Thinking, Fast and Slow）是這個領域的經典之作，也是每個想了解行為經濟學的人必讀的「聖經」。十年後的 2013 年，另一位行為經濟學大師羅伯‧席勒（Robert Shiller）教授也獲得了諾貝爾經濟學獎的肯定，席勒教授在

財經界相當知名，他所創造的席勒 P/E 指標（Shiller P/E）廣為財經界人士所採用，2008 年金融海嘯之前，他就曾經警告世人，美國房地產市場已經出現不理性的現象，精準地看出經濟活動所出現的問題。金融海嘯之後，他出版了一本名為《動物本能》（Animal spirits）的書，一出版就快速地成為最暢銷的財經書籍，也受到美國政府的高度重視，歐巴馬總統要求所有公務員都要閱讀這本書。一場金融海嘯讓行為經濟學這個領域的研究發展與受到的重視，達到前所未有的高度，人們開始注意到，要了解經濟活動可能必須從了解人類的行為著手，才是更正確的方向。

　　暢銷書作者納西姆・塔雷伯（Nassim Nicholas Taleb）是一個奇特的人士，他本身具有博士學位，專長研究不確定性與機率學，可說是學有專長的學者，他又從事過交易員的工作，透過金融交易讓他賺了很多錢，能夠在年輕時就退休從事自己喜歡的事情。他對於複雜的衍生性金融產品也非常熟悉，他的背景看起來像個經濟學家或財經專家，但他卻不喜歡被稱為經濟學家或財經專家，他喜歡別人稱他為哲學家，這點從他的三本暢銷書——《隨機騙局》（Fooled by Randomness）、《黑天鵝效應》（The Black Swan）與《反脆弱》（Antifragile）的特色就可以看出，特別是 2013 年出版的《反脆弱》，書中有很濃厚的哲學味道，與傳統的財經書籍非常不同。

塔雷伯在其最新著作《反脆弱》這本書中提到：

「有機和機器的二分法，是個不錯的起點，可以讓我們對這兩種現象的差別產生直覺看法……社會、經濟活動、金融市場與文化行為等許多事物顯然是人造的，但會自行成長，它們可能不全然屬於生物，卻像生物那樣增生與複製……因此它們比較接近貓，離洗衣機較遠，卻常被誤認為是洗衣機……。」

▌ 面對投資永遠要有最壞的打算

從上述的說明我們得知，金融市場（特別是短期）的走勢具有高度的不確定性，這也是為什麼沒有人能夠持續精準預測金融市場短期走勢的主要原因。但偏偏我們的大腦並不喜歡也不善於處理不確定的事物，因此我們必須隨時做好最壞的打算。另外，從歷史來學習是個不錯的選擇，投資人應該多看一些股市相關的歷史資料，了解什麼樣的人或什麼樣的投資策略才能夠真正在高度不確定的環境下保持長期的成功。很多看似成功的人或投資策略可能都只是運氣的結果而已，這點我們在第三章將會有更詳細的說明，只有能夠長期保持成功的方法才是投資人應該學習並且採用的。

看完這章你應該已經了解，事實上在面對金融市場，有太多事情是自己所無法掌握的，認清這一點，你就已經開始踏上成功之途。

● **快速結論** ●

　　每天我們都會聽到很多專家預測：某某金融市場未來會如何發展。看完本章你應該清楚，金融市場的本質之一就是不確定性 (uncertainty)，美國經濟學家法蘭克奈特 (Frank Hyneman Knight) 多年前就說過，不確定性就是：「人們無法事前正確地描述發生事件的機率。」因此下次當你再聽到有人告訴你，金融市場的未來會如何發展，你都應該抱持高度懷疑，因為他所說的是眾多可能發生的結果之一而已。

金融市場具有高度不確定性，沒有人能永遠準確預測短期的走勢。

2

――― 第二章 ―――

追求確定性是一種錯覺

「人生如果缺少了不確定性，那麼人生就會變得無趣很多，事事如果都是確定的，你就不會有驚喜、期待、失落等心情，這些感覺都會消失，但我們卻常常希望別人能夠帶給我們確定，我們會去期望政客、股市專家、醫生等人給我們一個明確的未來，這是一種錯覺（illusion），因為事實上這是他們無法給予的東西」

――《精明的風險》（Risk Savvy）作者

捷爾德‧蓋格瑞澤（Gerd Gigerenzer）

小女孩：叔叔，你很久沒有帶我去練習場打高爾夫球了，
　　　　我們下午去好嗎？

我　　：好啊，說走就走。

（在高爾夫球練習場）

小女孩：叔叔，我今天可不可以用你的球桿打打看？

我　　：為什麼你今天想用我的球桿打呢，你不是有自己
　　　　的球桿？

小女孩：因為我看你很容易就把球打得很遠，但我用我自
　　　　己的球桿都打得不遠，我覺得你的球桿應該比較
　　　　好打。

我　　：喔！這樣子，那好吧，你就隨便挑一支你喜歡的
　　　　球桿去打打看。

小女孩：太好了，我要挑這支最大最長的球桿。

我　　：你確定不要挑短一點的嗎？越長越難打喔！

小女孩：不要，這支長的一定可以打得很遠。

（打了數次之後）

小女孩：叔叔，為什麼我還是打不遠呢？

我　　：我告訴過你了，越長的球桿其實越難打。

小女孩：喔，真的耶！那麼我換短一點的球桿試試好了。

（換短一點的球桿打了數次之後）

小女孩：叔叔，我還是打不遠，怎麼會這樣？

我　　：那你現在換自己的球桿打打看。

小女孩：好吧！

（換自己的球桿打了數次之後）

小女孩：叔叔，我怎麼用自己的球桿反而比剛才用你的球
　　　　桿打得更遠呢？

我　　：那是因為你的打球技巧還沒有很好，球要打得遠重
　　　　點是你的揮桿姿勢與技巧，球桿不是真正的重點。

小女孩：喔，但你的球桿看起來比較高級，就算我的球技
　　　　還沒有很好，應該還是會比我自己的球桿打得更
　　　　遠啊？

我　　：所以你現在知道了吧，球桿只是輔助工具而已，
　　　　重要的是打球的人，不要迷信那些高級的球桿，
　　　　專心練球吧！

▌如果投資是一門科學

　　1992 年奧運會開始同意職業籃球選手能夠參加比賽，

全球職業籃球水準最高的美國組成了一支大咖雲集的「夢幻團隊」參賽，其球員包括：喬丹、魔術強生等職業籃球球星，結果自然是橫掃參賽各國輕鬆奪下金牌。兩年後的1994年，當時計量經濟學已經在美國金融業界大為盛行，華爾街各家金融機構爭相聘用數學、物理、計量經濟學的博士，運用各種複雜的數學公式來設計金融產品與分析市場走勢，憑著電腦設備與數學公式的優勢，這些金融機構在市場上無往不利，賺取大把大把的鈔票。當時，美國所羅門兄弟證券公司的前副董事長暨債券交易部主管約翰·梅韋瑟（John Meriwether），靠著交易債券的衍生性金融產品幫公司賺進大把鈔票之後，自己也想組成一支財經界的夢幻隊伍，打算橫掃整個金融市場，建立自己的金融帝國。他成立了長期資本公司（LTCM），並找來當時這個領域的幾位頂尖高手，這支「夢幻團隊」成員包括：

- 麥倫·休斯（Myron Scholes），美國知名經濟學家。他與費雪·布萊克（Fischer Black）共同發展出計算選擇權、認股權證等金融衍生性產品的公式，該公式現在已經成為全球金融衍生性產品的標準評價公式。如果我們說電話是貝爾所發明的，而愛迪生是讓電話能夠清晰地接收與發話的靈魂人物，那麼休斯就如同是金融界的愛迪生，是他讓衍生性金融產品能夠更清楚地訂價且廣泛運用，他同時也是1997年諾貝爾經濟學獎得主。

- 羅伯特・默頓（Robert Merton），哈佛大學教授、美國知名經濟學家。專長選擇權定價模型與計量經濟學，也是多本大學投資學與計量經濟學教科書作者，堪稱計量經濟學教父級人物，1999 年獲得計量金融終生成就獎，也是1997 年諾貝爾經濟學獎得主。

- 大衛・穆林斯（David W. Mullins, Jr.），美國聯準會首席副主席、美國經濟學家。當時在聯準會的地位僅次於鼎鼎大名的主席葛林斯潘（Greenspan），他在美國布希總統時代擔任助理財政部長，負責國內金融事務，他的官方身分與信譽對於該公司取信投資人具有極大的幫助。

- 另外還有數名華爾街當時衍生性金融商品最頂尖的交易員。

　　長期資本公司（LTCM）集合了當時產、官、學界頂尖的金融人才，看看當時的媒體如何形容這家公司：

　　「1994 年商業周刊（BusinessWeek）封面故事：長期資本公司為金融業的夢幻團隊」

　　「1994 年機構投資者雜誌封面故事：長期資本公司的這群人確實是當今世界上最好的一群金融專家」

　　夢幻團隊的名號吸引了大批投資人爭相捧錢來投資，其中包括多家著名的國際金融機構——日本住友銀行、瑞士的多家私人銀行、義大利中央銀行、巴西最大的投資銀行，其

中也包括了台灣的銀行，短短三個月募集到了 12.5 億美元，創下美國基金界的紀錄。

　　長期資本公司第一年就旗開得勝，基金獲利 28% ，扣除管理費用，所有投資人都獲得 20% 以上的報酬，長期資本公司共同創辦人、也是諾貝爾經濟學獎得主的羅伯特‧默頓當時就對媒體說：「長期資本公司所做的是尋找金融市場中的套利機會，這是一種風險非常小的投資交易，基金的短期虧損當然是可能的，但要連續虧損幾季是不可能的事情。」

　　接下來該公司基金持續穩定的獲利，已經大幅超越大盤指數，到了 1996 年春天，該基金的總交易資產已經飆升到了 1,400 億美元，同時因為基金過於成功，要求投資的資金不斷湧入，公司決定不再接受新的投資人資金，原有的投資人紛紛大幅追加投資資金，當時羅伯特‧默頓對媒體說：「長期資本公司將金融理論在實務上做了最好的實現，沒有人再能夠說金融理論是無用的，這真是個最美好的時刻。」

　　到了 1998 年春天，基金成立滿四年，長期資本公司彷彿擁有神祕的水晶球，基金獲利創下驚人的平均每年 40% 的高報酬，而且沒有任何一季出現虧損！此時，羅伯特‧默頓更是自豪地對著媒體說：「計量經濟學的成就終於能夠讓金融市場的不確定性消失，金融市場自此將能夠如同物理科學一般被精準地計算了！」

此時，媒體還評論曾經拒絕投資長期資本公司的股神巴菲特：「股神巴菲特過時了，新的金融投資時代已經來臨了！」

但長期資本公司的好日子顯然已經走到盡頭，接下來發生了戲劇性的變化。1998 年 8 月俄羅斯爆發嚴重的金融危機，大量國外資金撤出，俄羅斯政府於是決定讓盧布大幅貶值且放任國家發行的公債違約、股市崩盤。由於 LTCM 基金持有大量俄羅斯公債部位，突如其來的俄羅斯金融危機導致該基金在短短四個月就造成了 46 億美元的巨幅虧損，基金虧損持續擴大，為了避免 LTCM 基金的龐大部位波及到全球金融市場，美國聯準會選擇介入接管並讓該基金在 2000 年初倒閉，所有投資人的資金皆血本無歸，該公司的資產縮水了 99%，睿智的巴菲特依然是笑到最後的那個人。

長期資本公司的事件爆發之後，金融界與經濟學界都在檢討並且發問：「投資真的是一門科學嗎？」

《大國的陷落》（The Squandering of America）這本書的作者羅伯特・庫特納（Robert Kuttner）就說：「儘管披著科學的外衣，但是經濟學依然更像是一門藝術，而不是科學。」

詳細描述長期資本公司（LTCM）來龍去脈故事的書籍《天才殞落》（When Genius Failed）裡面也提到：「如果說，投資人能夠從長期資本公司的危機事件中得到什麼教訓的話，

那就是下一次如果再有『專家』提出一個可以『預測未來走勢』的模型時，投資人最應該做的事情就是遠離它！」

從前面的例子我們可以看到，即使是當今這個領域頂尖的學者專家們都無法準確掌握金融市場的變化並且保證能夠從中獲利。綜上可知，投資並不像是一門科學，或至少以現在人類的科技與知識來說，還無法掌握這門學問。所以當你聽到有人告訴你，股票、債券、大宗商品等等金融商品的未來價格肯定會上漲（或下跌），你一定要抱持懷疑的態度，而且對方如果說得越肯定，你就越要懷疑這種說法。

▌ 確定的未來是一種假象

台灣每當接近選舉的時候，就會聽到很多官員、企業家或候選人站出來說：選擇某人，台灣（或某個城市）的未來就會多麼美好，經濟（或股市）就會上升多少……這樣的招數過去往往還是會有些效果的，為什麼呢？因為人們喜歡有一個明確的未來，但現在這樣的訴求漸漸失效了，為什麼呢？因為人們發現，候選人與明確的未來之間的連結似乎不是那麼一回事，因此越來越多人開始不相信這種說法。政治是如此，那麼金融商品呢？在投資股票上，我們很自然會去假設，賺錢的公司未來股價是會上漲的，這個道理看似很明顯，但卻有個最大的問題，那就是：未來是否賺錢？賺多少

錢？這怎麼去評估？投資學的教科書有個標準答案，那就是把該公司未來每年所賺到的錢折算回來加總，就是今天該公司的「合理」股價，但這個公式有個最嚴重的問題，即使你沒有開過公司，應該也知道，一家公司未來能夠賺多少錢都是預估的，而且即使是公司的老闆，都沒辦法預估得很準確，更何況是外人呢？不論這個人是股票分析師、經濟學專家還是一般的投資人。2014年台灣發生了頂新黑心油事件，因為頂新在過去這兩年來發生的三次黑心油事件中統統榜上有名，所以民眾已經對頂新完全失去信心，因而發起了抵制頂新產品的運動，頂新旗下的上市公司味全因此股價連日大跌，也害慘了不少味全的股東們。投資人、甚至味全的董事長事前有辦法預知這些事情嗎？當然不能，再看看台灣股市過去曾經擔綱股王的威盛電子，股價最高時曾經達到每股629元，結果2014年的11月該公司卻已經被打入全額交割股。如果你在威盛電子風光的時候問董事長，該公司未來的前（錢）景如何？得到的答案一定是非常正面的，不是嗎？誰能夠知道後面的結果竟是如此？所以不確定性才是金融市場的常態，確定性只是個假象而已。

　　從歐洲工業革命以來，人們普遍認為，隨著科技的進步，人類將能夠控制未來所有即將發生的事情，人定勝天成了普世的價值，但真是如此嗎？至少在投資領域上答案是否定的。

美國知名基金經理人彼得・林區（Peter Lynch）曾經說：「投資股票是一種藝術而不是科學，有些人被訓練成任何事情都必須計量化，這種習慣在股票投資上會是一個很大的缺點。」

▌跟其他行業學習投資的藝術

如果投資不是一門科學，那麼讀者一定會問：那投資到底該怎麼做，才會比較好？沒錯，這是一個很困擾投資人的問題，如果投資不是科學，那麼表示成功投資並沒有一定的公式或準則可以遵循。不過不用擔心，因為我們可以參考其他類似情況的活動，看看這些活動中的頂尖高手是怎麼做的，學習他們的方法，可以給投資人帶來一些啟發。那麼，哪些活動跟投資一樣具有高度不確定性呢？這裡舉三個類似的活動，高爾夫球比賽、棒球比賽與德州撲克的比賽。

▌奪冠專注兩個詞：目標與過程

運動類型的比賽通常都具有高度的不確定性，特別是高爾夫球比賽，這點從每次職業高爾夫球比賽的奪冠選手中可以看出，往往奪冠的都不是賽前大家看好的球員，因為每個參加職業比賽的球員彼此之間的球技差距很小，所以幾乎所有參賽的球員都有奪冠的可能，這點是其他運動比賽比較少

見的情況。高爾夫球運動另外一項特別的地方在於，大多數的球類運動都是你跟對方互打（例如乒乓球、網球等）或者是你的團隊跟對方的團隊互相較量（例如棒球、籃球、排球、手球等等），而高爾夫球卻是你打你自己的球，別人也打他自己的球，所以如果你沒有打好，問題就出在自己身上，跟別人沒有太大的關係。由於高爾夫球的這個特性，所以這項運動跟自己的情緒控制能力有著很大的關聯，情緒越穩定的人通常球打得越好，而且打球的時候也會讓我們的個性表露無遺，知名高爾夫球教練珀西·布默（Percy Boomer）過去就曾經說過：「如果你想隱藏自己的個性不要讓對方知道，那就別跟他去打高爾夫球。」

2014 年全球高爾夫球四大賽之一的英國公開賽，北愛爾蘭名將麥克·羅伊（Rory McIlroy）四天比賽過程中一路領先，始終與第二名保持一段差距，最後以兩桿的優勢獲得生涯第三座的大賽冠軍，四天總成績是 271 桿，低於標準桿 17 桿，也是英國公開賽史上第四低的佳績。

在高爾夫球職業比賽中，很少有選手能夠保持一路領先的狀況，通常都是比賽過程互有領先，甚至要到最後一天才分出高下，因此賽後記者問麥克·羅伊，在如此競爭激烈的比賽中，是如何做到穩定一路領先的，麥克·羅伊這麼回答：「很簡單，過程中我只專注兩個詞——目標與過程，即使三天結束後我已經領先六桿，最後一天我依然只關心這兩個詞

——目標與過程。」接著他解釋到，「過程指的是揮桿的過程，在揮木桿與鐵桿的時候，只專注於自己揮桿的過程是否正確，基本上不會去考慮球打出去的結果會是如何；假如結果是好的，那當然很好，就算球打出去不理想，我也不會太在意，下一桿我仍然只會關心我揮桿的過程。總之，相信只要揮桿的過程是正確的，結果通常不會太差，事實證明也是如此。等球上到果嶺，我不會直接去瞄準球洞，我所做的事情是在球與球洞之間挑選一個目標位置，然後我就努力就讓球滾過這個目標位置，所以這兩個詞就是我成功的祕訣」。

打高爾夫球球技當然很重要，但是另一個同樣重要的因素就是心理素質，也就是控制心理的穩定度。麥克‧羅伊也曾經受到情緒的影響而錯失了即將到手的大賽冠軍。2011年22歲的麥克‧羅伊在美國名人賽前三天賽程打完，以一桿領先群雄，前三天的比賽這位小將打起來似乎非常輕鬆自在、怡然自得，當時的媒體都相當看好這位具有近乎完美揮桿動作的小將，結果到了第四天麥克‧羅伊頂不住比賽的壓力，表現大為走樣，打出大爆桿的80桿，痛失冠軍寶座。

雖說選手臨場表現失常是運動比賽中都可能會出現的情況，但是在高爾夫球的比賽中更是常見的現象。

投資其實跟打高爾夫球是很像的，重點在於如何控制自己的情緒與行為，有時候投資人會發覺好像自己不論怎麼投資都會賠錢，怎麼買或賣都錯，還沒有買的時候看著股票或

基金不斷上漲，等自己進場投資了，該股票或基金卻開始下跌；反之，賣掉已經持有很久、沒有賺錢的股票或基金時，才發現該股票或基金卻開始上漲了，因此很多人都會苦笑自己是個反向指標。

　　其實看過麥克‧羅伊的故事我們可以學習到，只要專注兩個詞：目標與過程，結果自然不會太差。投資大師班傑明‧葛拉漢（Benjamin Graham）早就說過：「投資最大的敵人就是自己。」投資理財的過程其實就像是一場跟自己心理對抗的比賽。就如同打球的前輩經常會說的一句話：「打球輕鬆打就好，越用力越打不好。」其實，投資也是一樣，輕鬆投資就好，不用把事情想得那麼複雜，想越多，投資績效就越差！

▋ 用數據而不是感覺來做決策

　　喜歡看棒球比賽的人都知道，沒有到九局結束千萬不能下定論，因為比賽隨時都有可能會逆轉，球是圓的，什麼事情都可能會發生。棒球運動是台灣民眾相當喜愛的運動，甚至被稱為台灣的國球，從觀眾的角度來看，肯定都喜歡看到球員大棒一揮將球打到外野三不管地帶，甚至全壘打牆之外，然後將壘上球員送回本壘得分，這時觀眾自然是欣喜若狂，高聲歡呼，因此那些有能力打長打的球員，會像是英雄

般受到關注，很多球員自然也都以長打作為目標。但是長打能力強的球員就一定會成功嗎？未必。2011 年台灣上演了一部棒球電影——魔球（Moneyball），描述一個美國職業棒球的真實故事，影壇大帥哥布萊德彼特飾演運動家隊的總經理比恩，比恩在高中時代就已經是棒球好手，高中二年級時，在全美競爭最激烈的高中棒球聯盟中，打擊率就已經超過五成，而且能投能打，高中三年級時，在一場大比賽中，比恩主投，只讓對手敲出了兩支零星的安打，自己卻成功盜壘四次，並且還單場轟出三支三壘安打，這個輝煌紀錄在往後的二十多年始終未被人打破，這樣的天才球員自然受到各職棒球隊球探們的關注。高中畢業後各家職棒球隊紛紛想要說服比恩加入，最後比恩放棄史丹佛大學棒球校隊全額獎學金的邀請，加盟大都會球隊成為小聯盟的球員，從此比恩被球隊視為會是最早從小聯盟晉升到大聯盟的明日之星。但是比恩往後的表現與球隊的想像差距越來越遙遠，就連高中打擊率始終不高的同期隊友們都已經升上大聯盟，比恩還在小聯盟隊中浮浮沉沉，雖然一度被叫上大聯盟打球，但很快地就因為表現不佳又下放回小聯盟，最後大都會球隊終於放棄了比恩，將他交易到雙城隊，之後又被交易到其他隊伍，最後在運動家隊落腳，此時的比恩已經在職棒球隊待了十年，也過了體能狀況最佳的年紀，但卻始終沒有打出名堂來……，終於比恩做了一個驚人的決定，放棄了球員的身分

改當球探。

　　自己當年明明是所有球隊與球探最看好的明日之星，為什麼最後的結果會是如此呢？改當球探之後的比恩經常省思這個問題，也開始對於傳統球探挑選球員的方法提出質疑，比恩開始研讀一些相關的資料，他發現傳統上球探在挑選球員都會有幾個問題：

1. 很多人都會以為，自己的經驗有代表性，其實並非如此。
2. 球探們都會被選手「最近的表現」過度影響，但一個球員過去的表現，不代表他未來的表現。
3. 人們往往會因為偏見，而被眼前的事物矇騙，以至於看不到事情的真貌。

　　除了知道球探們的這些錯誤之外，比恩也開始更重視用客觀的數據來分析球員，而不是像過去傳統用主觀的感覺來挑選球員，例如球員獲得四壞球保送的能力。過去，整個大聯盟球隊沒有人會去關心球員獲得四壞球的次數，因為四壞球通常被視為是投手的「失誤」，並不被認為是打擊者的一項能力，但是，選球能力其實是球員未來能否成功的最大指標，而四壞球的次數，正是球員是否懂得選球的最佳指標。

　　此外，很多球員每次上場都會想要擊出外野安打，但這也增加了被接殺出局或是三振的機率，比恩當運動家隊球探

時，當時的總經理艾德森正在做幾項科學棒球實驗，艾德森說：「棒球比賽中，若三人出局了，一切就免談，所以任何會增加出局機會的事情都是不好的；反之，任何能夠降低出局機會的都是好的，而上壘率就是打者不會出局的機率，所以進攻上最重要的一個統計數據就是上壘率。」

　　這些觀念慢慢改變了比恩分析球員的方式與看法，後來比恩自己當上了運動家隊的總經理，也更加大刀闊斧打破傳統球探們挑選球員的方式，更大量採用科學分析的方式來挑選球員，而特別的是，因為運動家隊是一支經費很拮据的球隊，無法花大錢來買好球員，但透過科學分析的方法，運動家隊能夠找到一些別的球隊無法發現到的球員，這些球員可能都有一些「明顯」的缺點，但也有一些「隱藏」的優點，而這些優點正是運動家隊所需要的，也因此運動家隊能夠用很低的價格買到其他球隊不要的球員，並組成一支外界看起來很怪異的隊伍，因為表面上看來這是一支集合其他隊伍所不要的「殘缺」球員所組成的隊伍，甚至是其他球隊所嘲笑的隊伍，但是神奇的事情發生了，這樣的一支「爛」隊伍不斷在球季中創下好成績，甚至在 2002 年拿下 103 勝，季中還締造了 20 場連勝紀錄。

　　這個故事給我們帶來一些投資上的啟示，在投資上我們也經常會聽從「專家」的看法或依賴「專家」的選股建議，這就跟球隊依賴球星、挑選明星球員一樣，事實上從魔球

這個故事我們知道，數據才是最可靠的東西，應該更加相信科學的方法，並且專注在真正重要的因素上面，而不是靠感覺。所以下次當有人告訴你，因為某個因素，所以股價會上漲或下跌，你一定要問：有數據可以佐證嗎？過去的歷史資料顯示是如此嗎？如果沒有，那麼你就要抱持懷疑的態度才對，不可輕信。

▌學習用機率去思考問題

　　台灣的運動電視頻道中，每週都會有職業德州撲克比賽的轉播，德州撲克比賽也是具有高度的不確定性，我們經常會看到某個人一開始手上拿到的牌非常好，有很高的獲勝機率，隨著桌上的牌陸續打開之後，卻可能反而讓對手贏得了比賽。有的時候也會看到，某個人的牌明明比對手好，但因為看不到對手的牌，而且對手下了大注，經過思考之後決定放棄到手的利潤，旁觀者通常會覺得太可惜了，或猜想是不是這個人的技巧不好，其實不然，這些職業德州撲克選手腦中思考的是機率，更精確地說就是對方拿到的牌比自己好的機率有多少？誰也不會知道（除非作弊）對方的牌真實的情況，有可能是真的有好牌，也有可能只是虛張聲勢，所以唯一能做的事情就是去判斷機率為何？所以每個德州撲克的職業高手也都是機率高手，他們都可以很快地判斷出自己贏錢

的機率是高是低。

　　前面提到過的預測鬼才奈特・席佛在成名之前也是一位德州撲克的愛好者，他在《精準預測》（The Signal and the Noise）這本書中就說：「撲克牌其實是一種非常數學的比賽，依靠的是在不確定性之中做出機率的判斷，這種技巧在任何種類的預測中都一樣重要。好的撲克玩家特殊之處，不是在於他們好像有超能力一樣，能預測下一張牌會是什麼……核心的技巧是玩家所說的算牌，也就是算出對手可能拿到什麼牌，而這些牌在剩下的牌局又會如何影響他的決定。」

　　綜上所述，我們可以知道，職業撲克牌選手與業餘選手的差別就在於有沒有用機率來思考問題，職業選手會盡量讓自己處在獲勝機率比較高的情況，就算不可能每次都準確，但長期下來獲勝的機率自然會比較高；而業餘選手大多是靠運氣，而運氣卻不可能長期都落在同一人身上，依靠運氣就像是賭博。所以同樣是德州撲克，有的人玩就是賭博，有的人玩卻不是，差別就在於是否有用機率來思考。

　　美國愛荷華州是禁止賭博的，各種形式的賭博都不行，所以過去如果在該州抓到有人玩德州撲克，都會被視為犯罪而罰錢，2013 年有兩位人士決定提出抗議，他們認為玩德州撲克是靠技巧而不是單純的賭博，他們提出了兩份學術研究報告佐證，其中一份是〈撲克牌的經濟學〉（Economics

of Poker：The Effect of Systemic Chance）是由史丹佛大學
的教授羅伯特‧漢納姆（Robert Hannum）在 2012 年所發
表的研究論文，他研究了超過十億個網路德州撲克的遊戲數
據，發現在這麼多德州撲克遊戲（或賭博）的比賽中，有高
達 85.2% 是一開始拿到牌就知道結果誰輸誰贏的，而剩下
14.8% 才是雖然沒有拿到好牌，但靠著虛張聲勢（也就是心
理戰術）讓對手棄牌獲得勝利的。

很明顯的，要在德州撲克的遊戲（或賭博）中贏錢的
關鍵就在於，一開始拿到牌的時候就要準確地判斷該手牌
贏牌的機率是高還是低來決定棄牌或繼續，所以漢納姆教
授在研究報告所下的結論是：「很明顯的，德州撲克遊戲
的贏錢重點在於技巧而不是運氣。」另一份由美國芝加哥
大學湯瑪士‧麥爾斯（Thomas Miles）和史蒂芬‧萊維特
（Steven Levitt）兩位教授針對 2010 年德州撲克世界大賽的
比賽分析，研究報告〈德州撲克比賽中技巧與運氣的成分〉
（The Role of Skill Versus Luck in Poker：Evidence From
the World Series of Poker），該研究報告也得到類似的結論，
那就是能夠在一開始拿到牌就準確分析獲勝機率的選手，其
獲勝的機率比平均高出 30.5%。這些研究報告顯示，有的人
玩德州撲克並不是單純的賭博，而是靠技巧也就是判斷機率
來獲勝，最後愛荷華州的法院認定，德州撲克是一種需要技
巧的遊戲而不是單純的賭博。

　　上面的故事告訴我們，有時候看似賭博的遊戲其實並不是賭博，而看似投資買股票卻可能反而是賭博，重點不在於你是玩德州撲克還是買賣股票、基金，而是你有沒有用機率來思考問題，還是只是靠運氣。所以面對投資要經常去思考機率的問題，例如當有人推薦你買一支股票或基金，你就應該思考，以這支股票或基金目前的價位來看，未來上漲或下跌的機率為何？如果上漲的機率很高，下跌的機率很低，那麼你投資賺錢的機率就會比較高，反之就會比較低。但多數人都不知道該如何去評估這個機率，如果是這種情況，你就是靠運氣在投資，也就是一種賭博。

▎投資就是機率的問題

　　2008 年金融海嘯之後，我們經常會看到有財經評論預測，股市很快就會再度大跌，這種現象在 2011 年、2014 年股市有小幅度回檔的時候最常見到，讓很多人開始感到恐慌，媒體與網路上看壞股市前景的文章不斷出現，甚至很多人開始警告類似 1987、2000 或 2008 年的股市大崩盤即將到來，悲觀氣氛濃厚。但真的會如此嗎？沒有人知道，最好的辦法就是從機率來考慮，現在發生股市空頭與大崩盤的機率有多高？

　　如果我們統計美國股市過去 60 年以來，下跌超過

10%、20% 與 30% 的次數，就會發現下跌超過 10%（回檔整理）的次數有 28 次，平均大約每兩年多就會發生一次，而下跌 20% 以上（代表空頭走勢）的次數有九次，大約是每六年多就會發生一次，而下跌 30% 以上（代表股市崩盤）的次數有五次，大約是每十二年才會發生一次，所以如果在 2014 年底來思考股市的變化，那麼從機率的角度來看：

- 美股回檔的機率：相當高，因為美股已經三年沒有發生 10% 以上的跌幅了，所以現在發生是很合理的現象。

- 美股陷入空頭的機率：高，因為這波美股多頭已經走了五年多，所以是有不小的機率會出現 20% 以上跌幅的空頭走勢。

- 美股出現股市崩盤的機率：低，因為距離上次 2008 年的股市崩盤只有六年時間，所以現在再出現 30% 以上跌幅的機率並不高。

　　《精準預測》的作者奈特‧席佛在書中提到：「政治民調的報導很盡責地附上了誤差範圍，提示我們其中含有一些不確定性，然而，呈現經濟預測的時候，大多數只提到一個數字，……這樣做給人的觀感，就是這些預測準確地驚人……就像我在書中不斷強調的一樣，從機率來考慮結果是科學預測的基本部分，如果我要你預測丟兩顆骰子產生的數字總和是多少，那正確的答案不會是任何單一數字，而是列

舉可能的結果以及個別的機率。」

所以多從機率的角度來思考問題，很多事情就會比較清楚，也比較容易做出正確的投資決定。

本章的結論就是告訴讀者，在高度不確定的遊戲中（例如投資），我們該如何做比較能夠成功，重點在於下列三點：

1. 專注於投資的過程。

2. 用科學數據來做為判斷的依據，而不是自己或別人的想法。

3. 面對投資的時候，要時時用機率來思考問題。

能夠做到上面這三點，投資績效一定能夠大幅提升。

● 快速結論 ●

　　投資並不完全是一門科學，所以沒有任何一種「正確」的投資方式能夠在所有的時間中都是成功的，投資人最好的策略就是去採用獲利機率最高的投資方式。在投資過程中，即使是深思熟慮過後採取的行動也可能會產生失敗的結果，而草率錯誤的決定也有可能會造成亮麗的投資績效，但是隨著投資次數的增加，深思熟慮的投資過程必然能夠獲得較好的投資報酬。所以，多關注你的投資方式與過程而不是投資的結果。

3

你告訴我們說你比較會投資，
真的嗎？

「人們常說我是天才，但其實我認為好運氣是很重要的，我不會每天早晨到辦公室上班的時候問我自己：我今天聰明嗎？我是邊走進去邊想：我今天會有好運氣嗎？」

——美國數十億身價的數學家與避險基金經理人，

詹姆斯．西蒙斯（James Simons）

小女孩：叔叔，我這次的月考只考了第三名，好生氣喔！

我　　：第三名也很厲害了啊，為什麼要不開心呢？

小女孩：我上一次月考是第一名耶！

我　　：哇！這麼厲害，這次是哪一科沒考好呢？

小女孩：這次是因為數學有一題我粗心看錯題目，不然我
　　　　也能得 100 分，有兩個同學都得了滿分，所以我
　　　　就第三名了。

我　　：喔！你那兩個同學是不是平時成績也是很好？

小女孩：是啊，我們三個幾乎每次都是班上的前三名，只
　　　　是每一次不一定是誰第一名，但總是我們三個其
　　　　中的一個。

我　　：你這次是運氣有點不好。

小女孩：是啊，真倒楣，我上一次得第一名的時候，他們
　　　　兩個也說他們是因為粗心才輸給我的，結果這次
　　　　換成我了，真氣人！

我　　　：其實你們三個都很會考試，成績也都很好，這種
　　　　　情況下往往是運氣在決定誰能夠成為第一名的，
　　　　　所以不要太難過喔。

小女孩：是喔！那有辦法讓運氣一直都很好嗎？

我　　　：好運氣是沒辦法一直存在的，但你也不用擔心，
　　　　　壞運氣不會一直跟著你，下次可能又輪到你好運
　　　　　了喔。

小女孩：這樣喔！那我就不難過了。

▌財經專家比較會判斷市場走勢嗎？

　　2014 年美國財經界發生了一件大事，那就是有著「債券天王」之稱的比爾·葛羅斯（Bill Gross）被迫從他自己 40 年前所創辦的、也是全球最大的債券管理機構——太平洋資產管理公司（PIMCO）離職，加入了資產規模只有原來公司 1/10 大小的駿利資產管理公司（Janus Capital Group）擔任基金經理人，這件事當然令投資人感到震驚，這就好像是台灣總統退休之後跑去當個里長一樣。更特別的是，比爾·葛羅斯在台灣有相當的知名度，更有財經雜誌每個月定期刊出他的市場評論，他之前所管理的債券基金也在台灣銷售，吸引不少人投資，這樣知名的人物為什麼會落到

被自己的公司逼迫下台呢？主要的原因是比爾‧葛羅斯的性格過於高調自負，讓公司其他的經理人很難與他共處，媒體傳言該公司有許多基金經理人揚言，如果不讓比爾‧葛羅斯離開，那麼他們就會集體離開，以此威脅公司必須採取行動；另一個導致比爾‧葛羅斯離開的原因，是他經常在媒體發表一些很受爭議的市場分析與預測，而且這些市場預測最後證明都不正確，引起不少投資人反彈。

　　例如 2012 年，比爾‧葛羅斯在他每個月的市場投資展望中提到股票已死（沒有投資價值）的觀點，該篇評論的標題是「邪惡的數字」，文章第一句話就是說邪惡的股票正在漸漸死去，其內容主要批評教科書上說過去 100 年來，股票的長期實質投資報酬率（扣除通貨膨脹之後）為 6.6%（這個數字是由經濟學教授傑若米‧西格爾 (Jeremy Siegel) 在 1990 年代末期提出的，此數字也被稱為西格爾常數），但這個過去的歷史數據現在來看已經顯得不可靠，而展望未來，不論是財經分析師、政府財經規劃專家、退休基金顧問等都必須面對一個很嚴肅的問題，那就是如何在未來繼續複製股票過去所帶來的高報酬率。其實這個說法並不能說是偏激，同時也有一定的道理，但偏偏他在文章中點名批評了傑若米‧西格爾。傳統投資學教科書告訴我們，因為股票的風險比較高（也就是波動比較大），股票必須有較高的風險溢價（也就是較高的投資報酬率）才能夠吸引投資人投入資金。

但是葛羅斯認為，這個論點似乎並沒有得到證實，因為過去不論十年，二十年甚至是三十年，股票這種「高風險」的投資工具，其投資報酬率卻低於「低風險」的投資工具——債券，這明顯違背了基本的投資理論，較高風險的投資工具並不一定「總是」能夠產生較高的投資報酬率，也因此葛羅斯稱 6.6% 的西格爾常數是個邪惡的數字！

此篇文章一出就引起華爾街財經分析師的熱烈討論與爭辯，不少人撰文批評葛羅斯的論調，戰火還延燒到了學術界！比爾·葛羅斯顯然是想利用這篇文章拉回一些漸漸放棄債券投資的散戶與機構法人，因為越來越多人擔心美國的利率已經跌到不能再低的位置，未來似乎只有往上調升一條路，而這點正是對債券最不利的地方。因此葛羅斯的文章無非是想告訴大家：「股票沒有你想像的那麼好！」但重點是，相信葛羅斯的人，後來發現股票市場還是持續往上走，到了2014 年底還在繼續創新高，絲毫沒有強弩之末的現象，即使未來美國股市的多頭走勢終究會結束，但在金融市場中，預測的時間錯誤就等於是預測錯誤。

你可能會認為葛羅斯本身的專長是債券，素有債券天王（Bond King）之稱，所以他對於股票的評論出錯，並不奇怪，他對於債券的建議應該比較可信，對吧？這樣的假設當然很合理，我們就來看看他對於債券的看法是否比較正確。

對債券而言，影響價格的因素比股票單純許多，那就是

利率，利率是影響債券價格最主要的關鍵因素，當市場預期利率會上漲，債券價格就會下跌；反之，債券價格就會上漲。從美國聯準會在 2008 年為了拯救經濟祭出了大規模的 QE（量化寬鬆貨幣政策）之後，葛羅斯就經常在媒體上批評該項政策。葛羅斯是很多主張 QE 政策將會導致嚴重通貨膨脹的人士之一，2013 年 5 月葛羅斯在接受媒體採訪時肯定地說到：債券的長期多頭走勢已經結束了！他也認為聯準會主席柏南克對於經濟的掌控已經失去了控制，美國的經濟成長前景堪慮，而當債券開始下跌，股市免不了也會跟著下跌。他認為所有已開發國家的投資人都必須面臨一個各國政府有意造成的通貨膨脹環境，他說：「邪惡的股票可能正在死去，但是邪惡的通貨膨脹卻可能正在產生！」這個論點無非也是很多經濟學家對於各國中央銀行貨幣寬鬆政策的批評，認為此舉絕對會帶來全球的惡性通貨膨脹。

　　這個看法準確嗎？到了 2014 年底，全球不僅通貨膨脹沒有發生，各國（特別是日本與歐洲）最擔心的依然是通貨緊縮的問題，日本更在 2014 年第四季突然祭出更大規模的貨幣寬鬆政策。而債券多頭沒有結束，2014 年的債券殖利率依然繼續往下跌，而且市場普遍預期，這種低利率的情況還會持續很長一段時間。股市就更不用說了，2014 年股市屢創新高。所以即使是債券天王理應最拿手的利率走勢分析也錯得離譜。葛羅斯所宣稱的邪惡通貨膨脹根本就沒有發

生，債券價格也預測錯誤，如同放羊的孩子一樣，不斷宣稱狼來了，只會導致信譽完全喪失，最後造成自己黯然離開的局面。

▍葛羅斯的例子是特例嗎？

你可能會想，葛羅斯的例子應該是個案、是特例，其他投資專家不見得會如此離譜地看錯市場。是嗎？那麼我們再看看其他的例子。基金經理人是拿客戶的錢來幫客戶投資，理論上來說，這些基金經理人應該要比客戶自己投資更好，因為所有的人都能夠自己輕鬆地投資大盤指數，所以拿大盤指數的績效跟基金經理人的績效來比較，是很公平的比較方式，也是這些基金公司與基金經理人收取客戶手續費的原因，表示他們的績效並不是因為運氣好所造成的。

那麼你認為在市場上那麼多的基金經理人當中，長期下來有多少人能夠打敗大盤指數呢？其實，無數的學術研究報告都檢視過這個問題，所有的研究報告都得到相同的結論，那就是相當少數的基金經理人能夠長期擊敗大盤指數。

我就舉兩個研究報告為例，第一個是在 2010 年由洛朗·巴拉斯（Laurent Barras）、奧利維爾·斯卡利萊（Olivier Scaillet）和拉斯·維莫斯（Russ Wermers）這幾位教授所做的研究，發表在〈機構法人投資者雜誌〉（Institutional

Investor）上。研究報告的結論是，不論是依靠猜測市場的漲跌或者是運用選股的技巧，都只有**不到** 1% 的基金經理人能夠長期穩定地提供客戶高於大盤指數的績效，而且這個績效狀況是從 1990 年代中期開始快速地下降。這個結果顯示，超過 99% 的基金經理人其實並不具備他們所宣稱的投資技巧，不管他所宣稱的技巧是預測市場的漲跌還是選股的能力！

另一個學術研究是在 2008 年由美國馬里蘭大學財經教授拉斯・維莫斯（Russ Wermers）所做的，題目為〈基金績效表現的錯誤發現〉（False Discoveries in Mutual Fund Performance：Measuring Luck in Estimating Alphas）。這篇研究報告的結論是：從眾多基金經理人的過往績效來看，只有非常非常少數的幾個人真正具有投資的技巧，而不是依靠運氣獲得投資的好績效。維莫斯在報告中提到，這並不表示這幾年沒有任何基金經理人曾經擊敗大盤，而是因為這些擊敗大盤的基金經理人績效都只維持了短短一、兩年，因此透過統計檢測方式，很難不認為他們的成功只是因為運氣！維莫斯自己也很驚訝為何基金經理人所展現出來的選股能力或投資技巧是如此差勁，他說他曾經認為應該有一些人（即使不是很多）會具備真正的投資技巧，但研究的結果令他非常**驚訝**，竟然是幾乎沒有任何基金經理人具備這種技巧！為什麼過去曾經有少數的基金經理人有這種能力，但現在幾乎沒

有了，維莫斯提出可能的原因，原因之一可能是這些真正的好手去了其他領域如避險基金或私募基金，因為那裡能夠賺到的錢更多；另一個原因是股票市場已經變得更難獲取比大盤指數更好的績效了。

▌避險基金的經理人比較厲害嗎？

剛才提到，可能有一些真正的投資高手去了避險基金領域，除了能賺更多錢之外，避險基金的靈活操作也是主要原因。因為避險基金幾乎沒有任何投資限制，作多作空甚至融資都可以靈活運用。因此提到避險基金，很多人的印象就是這些人好像都有著高超的投資技巧與複雜的投資策略，但避險基金真的都那麼神嗎？

2014 年美國財經界另一件受關注的大事，就是全美最大退休基金——加州公務員退休基金決定將資金全部撤出避險基金，未來也不再投資避險基金。該機構的投資長說：「避險基金對某些機構或個人來說，當然會是其投資組合中合適的產品，但是對於加州公務員退休基金來說，避險基金的高複雜性與高成本的特性，顯然並不適合。」

該機構的投資長說得很客氣，其實真正的意思就是避險基金的績效不佳，且收取高額費用，從統計資料可以清楚知道，過去這幾年避險基金的績效遠低於美國大盤標準普爾

500 指數的表現，特別是從 2012 年至 2014 年底，可說是大幅落後大盤，當然會讓投資人不滿。上述這兩件事看似沒有關聯，但，其實它們有著共同且重要的涵義，那就是：投資大師的時代已經結束了，過去這些投資大師們靠著資訊的優勢獲得較好的投資績效，但隨著社群網路的發展，資訊傳播的速度是前所未見的，這也代表要比別人擁有更多的投資訊息與更高的投資報酬率是越來越困難了。

加州公務員退休基金退出避險基金的投資，是因為這些平時收取高額費用的投資專家們已經不再像以前那麼靈光；葛羅斯的離職是因為他近年來不斷誤判市場利率走勢。從上述兩個例子可以知道，未來投資人要從眾多基金經理人當中挑選出真正有能力的經理人，將會是非常困難的一件事情，在資訊快速流通的時代，要成為投資大師的難度是越來越高了！

▎媒體追捧的投資專家比較厲害嗎？

Market Watch 財經網站在 2013 年 7 月 19 日有一篇文章提到，美國有一位叫做鮑勃‧布林克爾（Bob Brinker）的股市分析師，他在 2000 年 1 月時告訴他所有的客戶要立刻賣掉手中所有的股票，結果四天後美國道瓊工業指數達到當時的最高點，然後持續下跌了 50% 之多，可想而知，之

後他的客戶簡直把他當作神一樣看待，認為他一定有預測市場的能力，不是嗎？但是如果他真有這個能力，那麼他應該也可以預測到 2007~2008 年的第二波股市大跌，對吧！結果呢？完全沒有，當時他建議客戶應該要將 100% 的資金都持有股票！

還有一位美國知名的股市分析師叫做梅雷迪尼‧惠特尼（Meredith Whitney），她是少數在 2008 年美國發生次貸危機前，準確預測美國銀行業將發生大麻煩的分析師，結果一戰成名，之後因為太多人希望將資金交給她操盤，而她也相信自己有預測市場走勢的能力，所以乾脆自己成立了一家投資公司幫客戶操盤。到了 2012 年時，公司已經成立滿兩年了，但根據媒體報導，由於她的操盤績效不佳，公司所管理的資金只剩下原來的一半，而且員工也走得剩下一位全職的員工而已，所以當初她的「準確」預測真的是能力嗎？還是只是運氣好呢？

你可能會認為上述兩個人不知名也不具代表性，那麼下一個例子的人物可就鼎鼎大名了，熟悉國際投資的投資人應該都聽過此人的名字，他就是美國富達基金的明星經理人，素有「歐洲股神」之稱的安東尼‧波頓（Anthony Bolton），他長期操盤富達的英國特殊基金績效卓著，這樣的人自然應該是具有操盤能力了吧？2010 年，當時已經退休的安東尼‧波頓，認為他過去操作英國特殊基金的經驗應

該能夠複製到中國市場，因此他向公司請纓重出江湖，成立了中國特殊情況基金，有這位歐洲股神親自操盤的基金自然一發行就受到投資人的追捧。但是兩年多下來，該基金的績效始終不佳，最後安東尼・波頓在 2013 年正式宣布退休，不再擔任基金經理人了，媒體稱波頓敗走中國股市。

當年安東尼・波頓重新復出時，有些媒體將他比喻成投資界的喬丹，因為喬丹過去也曾經在宣布退役之後 18 個月，又再度復出效力於老東家芝加哥公牛隊，喬丹那次的復出非常成功，顯示寶刀未老，這才是真正具有特殊技能的人。或許對英國股市而言，安東尼・波頓是真的具有某種程度的操盤技能，但顯然這種技能無法複製到其他地區，更無法與運動選手的技能相提並論。

▌運氣與技巧

上面提到了很多的例子，結果都顯示，即使是外界認為的投資專家，要長期保持超越其他人的績效或準確地預測股市漲跌，都是非常困難的事情，你可能會疑惑，怎麼會如此呢？這些人不是應該要具有這些能力嗎？要回答這個問題之前，我們先要來認識一下「技巧」與「運氣」的分別。

諾貝爾經濟學獎得主康納曼在其經典著作《快思慢想》裡面就提到：

成功 = 能力技巧 + 運氣

一個人的成功必須具備什麼特質？聰明、努力工作、有創意⋯⋯等等，但很多人都忽略了運氣這個成分，其實很多人的成功都脫離不了運氣的成分，只是人們經常忽略這一點。例如世界首富比爾・蓋茲，大家在閱讀他的故事時，都喜歡去描述他的聰明才智，或他是如何果斷地放棄學業去創業、如何與蘋果公司競爭、如何在商場上做出各種聰明的決策，但很多人都忽略了一點：比爾・蓋茲上的高中，當時「正好」是全美國唯一有電腦設備的高中。

學校剛好有全美唯一的電腦設備這個好運氣，對比爾・蓋茲的成功來說是非常重要的關鍵因素，可能有很多人都跟比爾・蓋茲一樣具備相當的聰明才智，但因為他們在那個時候根本沒有機會接觸到電腦，所以無法取得和比爾・蓋茲一樣的成功。所以當我們在看一些成功人士的傳記故事時，很重要的一點，是不要忽略了「運氣」的成分，我們通常都會認為某個人的成功是因為他的能力比較好，但事實上成功不光只是靠能力，在很多的活動中，運氣的因素其實也是很重要的，只是人們比較不願意去強調運氣的成分，甚至會忽略它。

在不同的活動或比賽當中，「運氣」與「能力技巧」這兩個因素的重要性會有所不同，有的活動主要是靠能力技巧

去取勝，有些主要是靠運氣，還有更多的活動是介於兩者之間。我們先舉比較極端的兩種活動，一種是完全靠能力技巧與完全靠運氣的活動。比如圍棋或象棋，這類的益智性活動主要是由「能力技巧」來決定勝負，一般的圍棋或象棋業餘愛好者不太可能靠運氣來打敗職業好手。另一種則是完全靠運氣的活動，最明顯的例子就是傳統賭場如澳門的吃角子老虎機或是台灣隨處可以見到的公益彩券，這類遊戲除非有人作弊，否則可說完全是由運氣來決定結果。

除了上述兩種比較極端的活動之外，其他大多數的活動皆是「技巧」與「運氣」都需要的，只是重要性有所差別而已。以高爾夫球比賽或大多數的運動比賽來說，能力技巧高低會遠大於運氣的好壞，所以當一般業餘的球友去跟職業選手比賽，幾乎是毫無勝算可言，因為能力的部分差距太大，即使運氣再好或當天手感再好也沒用，就算是在老虎伍茲前幾年陷入低潮的時期去跟他比賽，也會是打 100 場輸 100 場。

▋ 為什麼第一天的領先者通常都無法領先到最後

當大家的「能力技巧」都很接近，例如職業高爾夫球比賽，因為大家都是職業選手，彼此的能力都很接近，所以這個時候運氣因素就很重要，甚至會是決定最後比賽結果的關

鍵因素。

　　高爾夫球的活動其實有很多地方跟投資理財是很像的。首先，高爾夫球的職業比賽可說是所有運動中最難猜測冠軍的，很多賽前的大熱門人選經常提前就被淘汰出局。我們來看看 2014 年的美國名人賽，這次名人賽的賽前熱門冠軍人選之一是已經擁有三座名人賽冠軍的美國名將米克森（Phil Mickelson），這位左手揮桿的高球名將深獲美國球迷的喜愛，每次都是名人賽的冠軍大熱門，看好度總是在前五名，但該年他在打完兩輪之後，卻意外地提前出局了。雖然各種運動比賽都會出現類似的情況，但是高爾夫球運動中這種情況似乎特別普遍，你很難知道最後獲勝的會是誰，這點跟投資很類似，人們很難事前知道未來會獲勝的基金經理人會是誰或哪一檔股票。

　　康納曼稱這種根據第一天的好成績來預測第二天也會是好成績的預測，就叫做「直覺的預測」，這是人們很普遍的預測方法，卻同時也是一種錯誤的預測方式。這種錯誤的預測方式也存在於其他各種預測當中，如預測股價、公司獲利或銷售量等等的表現上，而這次名人賽正好提供了我們一個完美的案例來學習這點，你學到了嗎？

▎「運氣」還是「技巧」，傻傻分不清楚

其實很多人都分不清楚「技巧」與「運氣」的差別，你可能會想，我怎麼會分不清楚這兩者的差別呢？先別那麼快下定論，看看下面的實驗。

想像一下你正參加一項有獎活動，這個活動是這樣，20個選手之中的一個人會幫你猜測擲硬幣（這是個絕對公平的硬幣，也是個完全靠機率的遊戲）會出現正面或反面，如果這個幫你猜的選手猜對了，那你就會獲得獎金，猜錯了就沒有任何獎金，至於20個選手當中的哪一位幫你猜，這都是事先指定好的。現在20位選手會先進行一輪五次的猜硬幣活動，但這只是熱身賽，所以對你的獎金沒有任何影響，熱身賽的結果出爐，很不幸的，代表你的這位選手猜測成績是20位選手當中最差的，現在開始要進行正式的有獎活動，但是你有一個額外的機會，那就是如果你願意付一筆錢，你就可以讓熱身賽表現最好的那一個選手代表你，這個時候請你想一想，你願意額外付一筆錢更換嗎？還是讓熱身賽表現最差的選手代表你呢？

你的選擇是什麼呢？這是一個學術上的實驗，實驗的結果，高達82%的參與者願意多付出一筆錢來更換，而這些參與實驗的人都是財經系的學生，按道理來說應該都很清楚這是一個完全隨機的遊戲，任何一個人參與這個遊戲的成績

都是機率（也就是運氣）的結果，但還是有絕大多數的人願意「相信」有人猜測硬幣的技巧比較高，這種現象在學術界稱為「結果偏差」。

結果偏差這種現象在很多高度不確定的活動中都會出現，例如政治、創業、運動比賽、德州撲克，當然還有投資活動，上述這些活動都具有高度的不確定性，因此「運氣」的因素在這些活動中經常會出現，但我們的大腦運作不習慣去判別「運氣」與「技巧」的差別，會很自然地將「結果」與「技巧」連結在一起，認為好的結果就是因為有好的技巧，如同上述的實驗一樣。這是因為我們的大腦習慣用因果關係來思考現象，對於某個結果就賦予某個原因，學術界將此稱為大腦的解釋器。

▌大腦的解釋器功能

美國加州大學教授麥克・加札尼加（Michael Gazzaniga）是一名神經學專家，他最著名的研究就是針對大腦的左右兩邊不同功能所做的各項研究，他大量研究左右腦有一邊受傷的病人。其中最受人注目的發現，就是人類大腦的左邊有一個有著特殊功能的部分，這個部分專職於解釋各項事情的因果關係，它會快速地吸收週遭所看到、聽到的訊息，然後自動解釋這個世界的各種現象，它並不會考慮這些訊息的真實

性，也不懂機率的隨機性，更不會了解運氣的成分，加札尼加將其稱為大腦的解釋器。

　　曾經有學者對這方面做過一個實驗，這個實驗是讓參與者猜測亮光會出現在電腦螢幕的上方或是下方？亮光出現的方式其實是隨機產生的，唯一的規律是出現在上方的機率是80%，這個實驗找過四歲以下的小孩、甚至鴿子與老鼠當實驗者，這些實驗者在觀察過亮光出現一段時間之後，都會發現亮光出現在上方的機率比較高，因此都猜測亮光會出現在上方，也因此能夠獲得 80% 的正確機率，但找四歲以上到成人做實驗，就發現大腦會開始嘗試從亮光的出現找出模式（pattern），但事實上亮光是隨機出現的，並沒有任何的模式，也因此這些人預測的結果反而是更差的，這就是我們大腦的解釋器在運作的結果。

　　人類大腦的解釋器是區別我們比其他動物更為聰明的重要功能，但對於高度不確定的活動（例如金融市場的變化），大腦的解釋器會讓我們以為有模式或因果關係的關聯性出現（例如媒體經常都會說：因為 xxx 的原因所以造成 xxx 的上漲或下跌）而產生誤判。

　　所以大腦的解釋器會自動編一些故事來告訴我們，而這些故事會誤導我們，例如：

• 朋友 A 說：他的朋友認識一個有特異功能的人，這個人告訴他一組號碼，結果他就相信且用這些號碼買了彩券，

因此獲得高額的彩金。

- 我們的大腦解釋器：他朋友描述的這個人一定真的有特異功能。
- 可能的實情：
    1. 朋友 A 的朋友誇大事情的真相，或根本就沒有這種事情發生。
    2. 朋友 A 的朋友只是運氣好，湊巧買到中獎的彩券而已。

　　在投資上，也可能出現這種情況：

- 電視上某個投資專家：我認為現在股票的價格偏高了，短期來說有拉回的壓力，建議投資人等待下跌的時機，下週再進場會比較好。
- 我們：觀察市場的變化，發現股市果然下跌。
- 我們的大腦解釋器：這個投資專家一定具有相當的市場預測能力，我相信他所說的話。
- 可能的實情：
    1. 市場上每天都有無數的專家在預測，有些人預測會上漲，有些人預測會下跌，當然一定會有人「猜對」，你只是剛好看到「猜對」的那個人所說的話而已，除非這個人真的能夠連續好幾次都正確預測，否則他並不具備真正的預測能力。

2. 做市場預測的人都會刻意說得模糊一些，結論是模稜兩可的，你只是套用你認為對的部分，事實上如果市場是上漲的，你可能也會認為他說的是正確的。

投資領域就是如此，如果投資中技巧的成分很高，我們就不可能會看到猴子射飛鏢所選的投資組合會勝過專業分析師的投資組合，可見投資成功其實有很高的「運氣」成分在裡面，因為金融市場充滿著高度的不確定性，所以在投資活動中，散戶投資人要打敗專家是絕對可能、甚至是經常可見的。清楚這點你才會知道，即使你認為你的聰明才智高於別人，即使你每天認真研讀投資資訊，這些都無法保證你在投資上獲得成功。

反過來說也是一樣，當你看到某人在投資上獲得成功，特別是短期的成功，他不見得是投資的能力比較好，可能只是運氣比較好而已，他必須真的長期都能夠獲利，甚至打敗大盤如股神巴菲特，那才是真正具有投資技巧的投資大師。所以我們必須記住，成功投資的時間越短，運氣所占的成分越大，短期獲利幾乎跟買彩券沒有太大的不同，是運氣在主導輸贏，投資成功的時間越長，技巧所占的成分越高。

最好的辦法，首先是承認並認清楚自己有很多地方是無法掌握的；其次，關注在那些自己真正能夠掌握的部分。例如，我們都知道利率對於金融市場的重要性，因此很多人喜

歡去分析並預測利率的走勢，但我們應該要知道，利率的走勢根本就不是我們所能夠掌握的，因此花時間分析並預測利率的走勢，對投資並不會有太多的幫助。

快速結論

　　很多人選擇基金時都會選擇過去績效比較好的，因為那些績效讓這位基金經理人看起來「好像」具有厲害的投資技巧，但看完本章你就會知道，基金經理人過去的好績效有很高的成分是因為運氣好所造成的結果。

歷史不是預測未來的證據，僅是另一種可能而已。

4

你確定自己是理性的？

「很諷刺的是，通常我所認識的情感豐富與善解人意的人都不會是投資績效很好的人，畢竟善解人意的意思就是很在乎別人的想法，但這恰好是投資上最不好的行為……曾經有學者做過研究，讓一群腦部受到部分傷害而感覺不到害怕的病人做投資模擬遊戲的實驗，結果發現這群感覺不到害怕的病人能夠輕易獲得比正常人更好的投資績效，所以，對我們大多數的人來說，要投資成功其實是很不正常的行為結果。」

——《理性的投資期望》作者

比爾·伯恩斯坦（Bill Bernstein）

我　　：你在看什麼影片啊？

小女孩：叔叔，我在看猩球崛起第二集，這裡面的猩猩好
　　　　厲害，有的猩猩還會騎馬和講話，這有可能嗎？

我　　：電影的描述當然是稍微誇大了一些，但是也不要
　　　　小看這些動物的智慧，黑猩猩與猴子一直都被視
　　　　為聰明僅次於人類的動物呢。

小女孩：是喔！

我　　：是啊！所以人類經常會拿黑猩猩或猴子來做實驗，
　　　　研究人類的行為。

小女孩：但是牠們終究還是比人類笨，對吧？

我　　：不見得，有些地方是，有些地方則跟人類不相上
　　　　下。

小女孩：真的嗎？

我　　：嗯！或者應該說，人類的大腦有些部分其實還沒
　　　　有很進步，跟猩猩或猴子差不多。

小女孩：是嗎？比如說哪方面呢？

我　　：曾經有人做過研究，發現猴子在比較富有的時候，
　　　　會表現得比較願意冒風險；反之，比較貧窮的時候，
　　　　行為就會比較保守，這點人類也有類似的行為。

小女孩：這表示什麼意思呢？

我　　：這表示人類其實跟猩猩或猴子一樣，也有不理性
　　　　的地方。

▎人類的動物本能

　　諾貝爾經濟學獎得主羅伯・席勒在 2010 年寫了一本《動
物本能》的書，這本書主要是探討 2008 年那場金融海嘯發
生的原因與如何重振全球經濟的方法，作者在書本的一開始
就提到：

　　「想要了解經濟如何運作，並知道如何加以管理，讓經
濟進步繁榮，就必須留意激發人們想法與感覺的一些思考模
式，亦即人們的動物本能。重大經濟事件大多肇禍於人類的
心理因素，除非我們正視這個問題，否則將永遠無法正確了
解這些事件。」

　　席勒的意思是說，人類的一些動物本能，例如貪婪、恐
懼等等因素，都會影響我們對於金融投資決策的判斷，進而

影響到國家甚至全球的經濟活動，這點美國前聯準會主席葛林斯潘也相當認同。他在《世界經濟的未來版圖》這本書中也提到，幾乎無人在 2007 年時正確預測到 2008 年金融海嘯的到來，無數經濟模型失靈的主要原因就在於忽略了人類的動物本能這一點。所以現在有越來越多的經濟學家開始關注這個議題，並著手分析人類的動物本能，要了解這一點，很好的方法之一就是從猩猩與猴子的行為去分析。

為什麼是猩猩與猴子呢？因為我們跟猴子一樣都是動物，而且都是靈長類的動物，這點對於我們了解人類在面對金融市場的變化時會有何種反應是很有幫助的。電影「猩球崛起」描述黑猩猩具有不輸給人類的智慧，加上黑猩猩本身擁有的力量與敏捷性，很可能成為足以與人類抗衡的動物。

當然，電影的情節自然是誇大了一些，但是猩猩與猴子一直以來就被視為僅次於人類、具有高智慧的動物，最近科學家更發現，猴子面對風險的選擇行為竟然跟人類是很接近的。科學家依據猴子體內水含量的多寡將牠們分為富有（體內不缺水）與貧窮（體內呈現脫水現象）兩個族群，然後讓猴子有兩種選擇，一種選擇是安全保守的方案，一定會有水喝，但是水的量比較少。另一種選擇是只有一半的機率有水喝，但水的量比較多。實驗結果發現，「富有」的猴子大多傾向冒風險去獲得更多的水，而「貧窮」的猴子則大多選擇保守的方案，而且同樣一隻「富有」的猴子，當牠身上的水

分減少到一定程度的時候（變窮了），牠就會轉而選擇比較安全的方案以確保一定會獲得水喝。科學家認為猴子這種面對風險的決策行為跟人類在投資時的選擇很類似，有趣吧！

　　無數的研究分析顯示情緒（動物本能）會影響投資行為，進而影響投資結果。你曾經興奮得想參與新股上市的抽籤嗎？你會在朋友聚會中與朋友熱烈討論投資議題嗎？或者你曾經因為擔心你的投資下跌太多而半夜失眠嗎？如果有的話，這很正常，因為很多人都有這樣的經驗，而且這表示你的情緒已經開始對你的投資行為產生了影響。

▌人們是理性的嗎？

　　傳統經濟學的教科書都假設人是理性的，能夠做出理性的判斷，很多人也認為自己是理性的，但真是如此嗎？康納曼在《快思慢想》一書中提到：「我們人類的大腦在思考事情的時候，是會用到兩個不同的系統，一個是直覺反應的系統（或稱為系統一），另一個是理性思考的系統（或稱為系統二）。」想知道這兩個系統是如何運作的？我們先來進行一個小測驗。

　　現在試著回答下列三個問題：

• 一隻蝙蝠跟一個球加起來共 1.1 元，而蝙蝠比球多 1 元，請問一個球是多少錢？

- 如果五台機器做出五個成品出來需要五分鐘，請問 100 台機器做出 100 個成品出來需要多少時間？
- 在一個湖中有一大片睡蓮，每一天這片睡蓮的面積會增大一倍，如果睡蓮的面積覆蓋整個湖面需要 48 天，那請問覆蓋這個湖面一半的面積需要多少時間？

　　你回答好了嗎？每一個問題都有一個「明顯」但卻是錯誤的答案，第一題，最明顯也是最多人可能會回答的答案是 0.1 元，但正確的答案是 0.05 元，你可以再仔細算一算就知道了，因為 1 元與 0.1 元之間的差是 0.9 元，所以是不正確的。第二題，最明顯也是最多人可能會回答的答案是 100 分鐘，但這也是錯的，正確的答案是五分鐘，因為每一台機器做出一個成品的時間是五分鐘，所以 100 台機器做出 100 個成品也只是需要五分鐘。第三題，最明顯也是最多人可能會回答的答案是 24 天，當然這是錯的，正確的答案是 47 天，因為這樣隔一天（第 48 天）再增大一倍的話就會剛好覆蓋整個湖面了。

　　上述這三個問題是耶魯大學教授夏恩‧佛德瑞克（Shane Frederick）所做的一個測驗，稱為認知反射測驗（Cognitive Reflection Test， CRT），上面這三個問題如果你有其中任何一個答錯的話，那麼這就是你大腦中的「直覺系統（或系統一）」運作的結果。康納曼教授說：

- 直覺系統或系統一是自動化的運作，非常快速、不費力氣且不受自主控制（也就是當它在運作的時候，你自己也感覺不出來）。

- 理性思考的系統二則需要動用到注意力去做費力的心智活動，包括複雜的計算。

　　從上述這個測驗我們可以發現，我們的「直覺系統」（或系統一）會很快地告訴我們一個明顯且簡單的答案。但若要經過思考才能夠正確地回答問題時，我們就必須去壓制系統一的答案，然後讓「理性思考的系統二」來告訴我們正確的答案。

　　如果你的認知反射測驗分數不高（表示你是用系統一在回答問題），也不用難過，因為即使是美國頂尖的麻省理工學院的學生，能夠三個問題都答對的也不超過一半（只有48%），且有7%的學生是全部都答錯的。另一個頂尖的哈佛大學，全部都答對的人數更少，只有20%的學生能夠三題都答對，也有20%的學生是三題都答錯的。

　　在經過對好幾個不同的學校學生團體所做的認知反射測驗之後，有幾個重要的發現：

　　1. 所有人測試的結果都會發現，「直覺系統」的反應一定快於「理性思考」的系統。

　　2. 受到「直覺系統」的控制而答錯的人，通常會低估別

人也同樣答錯問題的比率。例如回答 0.1 元的人，認為這個問題大約是 92% 的人可以回答正確的，也就是說，雖然自己回答錯了，但他認為這個問題其實是很簡單，大多數的人都應該能夠正確回答。反而是正確回答 0.05 元的人，認為這個問題大約是「只有」62% 會回答正確，因為他們看出了問題其實沒有想像中這麼簡單。

3. 透過認知反射測驗，以及搭配其他的問卷所做的研究也發現，認知能力的高低跟願不願意延遲享受是有相關性的，認知能力較高（也就是正確回答出問題）的人通常比較有耐心，也比較願意犧牲當下的利益以換取未來更高的利益。

這個測驗結果告訴我們，人類在做決策的時候，很容易就會被「直覺反應」的系統所控制，所以我們常常會說某某人比較衝動或比較理性，其實就是比較衝動的人通常是用「直覺系統」在做決策，而比較理性的人較多的時候是會壓抑「直覺系統」而用「理性思考」的系統做決策。

▍人類的大腦並不擅長於應付金融市場的波動

現在我們知道了，人們遇到問題的時候，通常系統一會優先啟動，如果問題過於複雜，系統二才會接手處理。

例如，如果有人問你 2+2= ？，系統一會立刻告訴你答案是4，非常有效率，這時候完全不需要用到系統二。但要回答52*77= ？，這時候系統一會很快地告訴大腦它是無法回答的，這時候大腦就會去啟動系統二，然後做一些計算才能夠得到答案。這就是人類大腦大致的運作情況，人類的大腦大約重 1.36 公斤，且經過了十萬年以上的演化過程，因為經過了這麼長時間的進化，我們的大腦很擅長於處理很多事物，讓我們得以繁衍生存下去，進而成為統治地球的高智慧生物。

但人類雖然聰明，並不代表對每項事務都很擅長，而且有時候系統一可能會誤判，認為某些問題其實並非它的能力所能夠處理，結果就會造成人們錯誤的行為。這種情況在投資金融市場上最常見，因為這並不是人類的大腦擅長處理的。相對於人類大腦進化的十萬年歷史來說，人類開始參與金融市場的投資也不過只有幾百年的時間而已。對我們的大腦而言，還沒有足夠的時間進化到擅長處理這項事務，這裡我就舉例幾種代表直覺系統的系統一可能會誤判的情況。

一、羊群效應

想像一下如果你正在電影院裡看電影，看到一半突然旁邊有人驚叫失火了，然後一堆人開始往外跑，請問此時你會

如何反應？大多數的人應該會起身跟著大家往外跑，而且可能是不假思索就會如此做。因為人類的大腦很早就認定——跟著大眾走才是對的。這個特點也是我們的祖先能夠存活下來很重要的原因，因為在遠古的叢林世界中，跟著大眾走代表是正確的、安全的，那些沒有跟著群眾走而落單的人就會成為野獸攻擊的對象，無法順利存活下來並且繁衍下一代，所以我們也看到很多動物都會有成群移動的現象，這種現象深深印在我們的腦海裡面，這稱為羊群效應（herding）。

事實上，在投資行為上羊群效應也是很明顯的，許多人都是看別人怎麼做就跟著做。有些人可能原本要去證券公司或銀行之前，心裡想著的是去買進一些股票或基金，但是當到了證券公司或銀行，聽到別人都在賣股票或基金時，可能就會立刻改變主意。當聽到大家都說應該買的時候，很多人就會跟著去買；反之，當大家都說應該賣的時候，也會跟著去賣，而這就造成投資人典型的**追高殺低**行為。每次我們都可以看到，股市在上漲循環初始階段，散戶都不太敢進場投資，等到已經上漲了很多，散戶投資人的熱情才會越來越高，因為看到越多的人在買股票且賺到錢，市場上充斥著樂觀的氣氛，也就越多的人願意進場投資股票，當股市到達高點也是散戶投資人熱情最高的時候，就如同我們看到美國股市在 2007 年底的時候一樣。反之，當股市下跌，賠錢的人多了，所以願意進場的人就減少了，等股市跌到谷底，基本

上散戶投資人的熱情都消失了，也不會願意進場投資，就像
2009 年初的美國股市情況一樣，這就是羊群效應所造成的
結果。

　　羊群效應就是一個典型大腦「直覺系統」誤判的結果，
當然並不是說跟著大眾的行為就一定是錯的，例如我們如果
到一個陌生的地方要找餐廳，通常我們會在外面先觀察一
下，看看裡面的人多不多？如果人很多，表示生意很好，應
該是不錯的餐廳；反之如果人很少，通常表示餐廳的口碑不
好，可能就不會進去了。這種時候跟著群眾行動多數是正確
的，特立獨行反而不好。但偏偏在投資上跟著群眾行動多數
都是錯誤的行為，就像我們在影片中常常看到有些動物會成
群地往河裡或懸崖跳，做出我們很難理解的自殺行為，這些
動物可能根本不知道自己在做什麼，反正就是大家這樣做就
跟著這樣做，結果害了自己，投資上的羊群效應也類似如
此。

二、過度自信

　　2014 年台灣的九合一選舉結果跌破許多專家的眼鏡，
執政的國民黨以大敗收場，其中最讓人意外的，大概就是新
北市與桃園市。新北市原本朱立倫認為自己會大勝對手，競
選的過程絲毫看不出緊張的氣氛，一派輕鬆應戰，結果卻差

點輸掉；而選前認為會穩贏的桃園市長吳志揚最後竟然輸給對手，丟掉當時即將升格直轄市的桃園市，大意失荊州。這兩個都是典型過度自信（over-confidence）的例子，其實這並不奇怪，因為人類大腦中一個常見的反應就是過度自信，根據維基百科的解釋，「過度自信」指的是人們通常對於事情的判斷，會有比真實的結果還要樂觀的傾向。例如在一些學術研究中發現，99% 的測試者對於自己的答案都非常有信心，但結果卻有 40% 的人其實是答錯的。每個人從小的時候，大人就經常說要對自己有信心，信心比什麼都重要，只要有信心，沒有什麼目標無法達成。這些說法都沒錯，但人們卻往往忽略了過度自信的現象。有自信的人會比較受歡迎，自信很重要，也是一種正面的力量，但過度的自信卻可能使我們的行為產生偏差，特別是在投資上，過度自信的結果會導致過度買賣交易，因為我們「確信」自己對於買賣的判斷是「正確」的，結果就會造成交易過於頻繁，反而導致投資虧損！

再來個小測驗：「你認為自己的開車技術，是比平均值來得高或低呢？」這是美國加州大學柏克萊分校的特倫斯‧奧德恩（Terrance Odean）教授在上課或演講時經常會問的一個問題，奧德恩教授是研究行為財務學的著名學者，他說大多數的人面對上述問題時都會回答：「我的開車技術是在平均值之上的。」但很明顯的，從統計的角度來看，不可能

大多數的人開車技術都比平均值來得高，所以這就是一種過度自信的反應。奧德恩曾經做過一個很有名的研究，他針對證券公司裡面 10,000 個散戶投資人帳戶作分析，一共分析了 163,000 筆交易紀錄，他主要是分析投資人賣掉某檔股票且同時買進其他股票的交易紀錄，因為這表示該投資人對於這兩檔股票有特定的想法，「相信」新買進的股票未來的獲利會比賣掉的股票來得高，所以才會進行這項交易，奧德恩就是要分析，結果是不是這樣？研究結果卻顯示，散戶投資人選擇賣掉的股票，其未來的報酬率反而高於買進的股票，賣掉的股票每年的平均報酬率高出買進股票有 3.2% 之多，這還不包含交易的成本在內。這顯示，散戶投資人因為過度相信自己的判斷，最後反而得到更差的結果。

　　如果散戶投資人因為過度自信，造成過度交易並且最終獲得了更差的投資報酬，那麼專業基金經理人的表現會更好嗎？未必，基金經理人可能有更嚴重的過度自信，這點我會在後面的章節中作更詳細的說明，所以不論是一般民眾或者是專業人士都無法避免過度自信的毛病。

三、錨定效應

　　再來一個小測驗，首先請拿出一張紙來寫下你的手機號碼的後四碼，然後猜猜看新北市的執業醫生人數有多少？

　　寫好了嗎？這個實驗會顯示如果你的手機號碼的後四碼數字是偏高的話（如 5,000 以上），通常你猜測新北市的執業醫生人數也會是偏高的，反之亦然。你的結果是不是也是如此呢？我上醫師公會的網站上查過資料，2012 年新北市的執業醫師會員人數是 4,782 人，我們大多數的人對於執業醫師的人數應該是沒什麼概念的，當我們想要解決某個問題但卻毫無頭緒，通常我們就會從最容易獲得的資訊去做連結，即使這個資訊事實上跟我們想要解決的問題毫無關聯（在這裡最容易獲得的資訊就是你的手機號碼後四碼的數字），而這就是一種錨定效應（Anchoring Effect）。

　　著名奧地利動物學家康拉德‧柴卡里阿斯‧洛倫茲（Konrad Zacharias Lorenz）在幾十年前發現，小鵝在破殼而出，會對牠所看到的第一個會動的物體（通常這會是牠的媽媽）產生依賴感，而且一旦做出了選擇，就會堅持下去，洛倫茲稱此為「銘印」（Imprinting）現象，也就是說第一印象會深深地烙印在腦海裏，進而影響未來的決策行為。

　　人類的大腦在這方面的運作其實跟小鵝沒有什麼不同，現在很多商人都已經學會如何運用這個技巧來影響人們購買東西的行為，例如很多商品都會找明星當代言人，但找明星代言要花費廠商不少成本，為什麼還是有那麼多產品願意花大錢找明星代言呢？答案很簡單，因為有效！雖然我們明明知道這些明星與商品根本就沒有什麼關係，甚至很多代言

人對於產品本身也不一定很清楚，但我們還是會因為喜愛這個明星而喜愛其所代言的產品，這就是錨定效應所造成的影響，因為人們很容易將某件事情跟另一個不相關的事情連結在一起。

　　在投資上錨定效應更是很常見，回想一下，當我們用某個價位買進股票或基金時，這個價位是不是會深深影響著我們，因為這個價位決定了我們的投資是否會賺錢，儘管這檔股票或基金未來會不會上漲其實跟我們買進的價錢是毫不相關的兩件事情，但我們還是會受到影響。假如未來你不想繼續持有這檔股票或基金時，發現目前該檔股票或基金的價位低於你當初投資的價錢，你會賣出嗎？大多數人的答案應該是否定的，因為我們的心中已經被這個價格錨定了！知名的社群網站臉書的股票在 2012 年 5 月 IPO 上市了，當時上市的價格是每股 38 美元，上市之後股價一路往下跌，當跌到每股 19 美元，很多人就開始分析，是不是可以投資臉書股票了？為什麼價格跌到每股 19 美元，很多人就開始注意？為什麼不是 20 美元或 18 美元呢？答案很簡單，因為 19 美元剛好是 38 美元的一半，而 38 美元這個價位已經錨定在人們的心中了，但是臉書股票該不該投資？其實跟其 IPO 的價位一點關係都沒有，而是跟臉書公司未來的獲利前景有關才對。

四、本土偏好

　　「大同、大同國貨好，大同電視最可靠……」這是每個四、五年級生都能夠朗朗上口的一段廣告詞，這段廣告詞是要說服民眾要愛用國貨，其實愛用國貨是很多國家的人民都會有的心理，例如日本人只喜歡開日本車、用日本手機，韓國人也只喜歡開韓國車、用韓國手機，這種心態其實無可厚非，一方面能夠支持自己國家的本土企業；另一方面又能夠促進國家經濟的發展。這在心理學上稱為本土偏好（Home Bias），這種偏好在情感上來說無可厚非，但是運用到投資上就會出現問題，什麼問題呢？會造成投資過度集中在當地，沒有做到有效的風險分散。

　　例如很多人喜歡將大部分的資金投資在台灣的股票，原因很簡單，因為這些股票大家熟悉，看得到也感覺得到。當然這樣的情況並不是台灣獨有，其他國家也都有類似的情形。美國大通銀行（J.P.Morgan）曾經做過研究，調查全球不同地區的個人投資者將資金分配在不同資產的比率，研究報告顯示美國的法人機構有 75% 的資金投資在美國，歐洲的法人機構有 61% 的資金投資在歐洲，而亞洲的法人機構更為明顯，高達 84% 的資金是投資在亞洲區域的。所以本土偏好的情況很常見，但是台灣的股票市值僅占全球的 1.27%，所以當你將大多數的資金都投資在台灣股票，你就

等於是集中投資在全球股票市場的 1% 裡面，而忽略了其他 99% 的股票市場！這樣做也喪失了參與國際市場其他國家的投資機會。假如金融海嘯之後的這五、六年，如果你都只有參與台灣股市，那麼你就失去了參與美國股市近 200% 與歐洲股市近 100% 的上漲機會。

　　很多人都聽過資產配置這個名詞，意思就是投資要做到分散風險，不要把雞蛋放在同一個籃子裡，要將資金分配到不同的金融資產。這個道理很簡單，但是能正確做到的人並不多，應該如何分配投資才是比較正確的做法呢？一個合理的方法就是參考全球股票市值的比率，例如美國股市占全球股票市場接近 50% 之多，歐洲的股市占比大約是 25%，其他市場加起來大約是 25%，用這樣的比率來分配你在股票投資上的資金是比較合理的，當然你也可以根據自己對於某個地區的市場看法做些比率上適度的加減，但是不應該偏離這個比率太多。

五、近因效應

　　所謂一朝被蛇咬，十年怕草繩。痛苦與恐懼的記憶會在我們的腦海中停留很久的時間，導致我們對於那些曾經帶給我們不好記憶的負面看法，會持續很長一段時間，這在心理學上稱為近因效應（recency effect）。投資也不例外，美國

坦伯頓基金公司 2013 年曾經做過一個調查，詢問一般的美國民眾認為過去四年（2009~2012）的美國股市表現如何？

　　如果你是從事投資相關工作的人應該很清楚，過去四年美國股市表現非常好，但是一般民眾可能就不是那麼清楚，只能夠憑印象回答。調查的結果很令人驚訝，有高達 66% 的民眾認為 2009 年的美國股市是下跌的，結果該年股市上漲 26.5%，49% 的民眾認為 2010 年的美國股市呈下跌局勢，但當年股市卻上漲 15.1%；同樣，高達 70% 的民眾認為 2011 年的股市是下跌的，但當年股市上漲 2.1%；而離調查時間最接近的 2012 年，31% 的民眾認為股市持續跌跌不休，結果當年的股市上漲 16% ！也就是說，從 2009~2012 年這四年的期間，其實每一年的美國股市都是上漲的，但是卻有很多民眾認為股市在慘跌，印象與實際的差距竟然如此之大。可見 2008 年的金融海嘯美國股市短期間下跌超過 50% 的那段痛苦記憶，仍然深深影響著人們的判斷，這就是典型近因效應的影響。

　　台灣的情況其實也類似，從金融海嘯之後我們就可以發現，銀行的理財產品中債券基金的銷售是最好的，因為所有人包括客戶與理財人員都被金融海嘯嚇到了，大家都認為只有保守的債券基金最安全，這樣的結果就是絕大多數人都錯過了過去這五年多來美國股市的大多頭行情。加上近因效應的影響，投資人通常都要等到事件經過一段很長的時間才

會忘記，所以我們看到直到 2014 年才開始有些人關注美國股市，但此時的美國股市已上漲超過五年，股價也已飆高，即使不會很快就下跌，股市的上漲空間也有限。所以這也是為什麼在股市上漲的階段中，通常散戶都是最後一群跳進去的，也因此散戶的資金被稱為愚笨的資金。著名的財經作家、也是《投資人宣言》（The Investor's Manifesto）的作者威廉‧伯恩斯坦（William Bernstein）就曾經說過：「在一個表格中看到超過 50% 以上的跌幅，和這個跌幅實際發生在你身上是完全不同的兩回事，就如同在一個空難事故應變演習中發生的事情與真實的空難事件是完全不同的。」

由此可見近因效應深深影響著我們的大腦。

六、規避損失

同樣的，先來看個小測驗，這次有兩個題目：

1. 想像你參加了一個有獎徵答節目，你獲勝了，現在你有個選擇，你可以選擇直接獲得 5,000 元，或者是進入一個機率 50：50 的二選一遊戲，如果你猜對了，你就可以獲得 10,000 元，但如果你猜錯，就什麼獎金都沒有了。請問你會如何選擇？

2. 想像一下你觸犯了交通規則被警察當場抓到，現在你要被處罰 5,000 元，但是這次警察大發慈悲，給你另

外一個選擇的機會，如果你在一個機率 50：50 的二選一遊戲中猜對，你就可以不用被罰錢，但如果猜錯，你就要被罰 10,000 元。請問你會如何選擇？

你回答好了嗎？當人們被問到上述的兩個問題時，超過一半的人在第一個問題上會選擇直接拿 5,000 元，而不願意去冒險獲得更多的 10,000 元。回答第二題的時候，超過一半的人會選擇冒險去獲得免罰錢，但也可能被罰更多的機會，而不願意直接去接受確定的罰款。你也跟大多數人的選擇是一樣的嗎？如果是的話，你也有著規避損失的心理反應，因為多數人都不喜歡虧損的感覺，所以不想選擇確定的損失。也就是說，人們害怕損失的程度高於獲得利益的快樂。

規避損失的觀念最早是由阿摩司‧特沃斯基（Amos Tversky）和丹尼爾‧康納曼（Daniel Kahneman）兩位教授所提出的，這個心理反應會對我們在投資上造成什麼影響呢？雖然表面上來看是要規避損失，但這卻是冒著可能會造成更大的虧損所換來的，就像是賭博的人，如果前面賠錢了，接下來為了翻本就會越賭越大，然後告訴自己只要翻本沒有賠錢了，就收手不再賭，結果卻往往賠得更多。投資也是一樣，很多人剛開始投資的時候會分散風險，選擇多種投資標的，但投資了一段時間之後，往往會有越來越集中投資

的傾向，希望能夠賺得更多一點，以彌補之前的虧損，結果投資組合就顯得過於集中，承擔更大的風險。而這樣的心理也在金融市場表現很不好的時候，阻礙我們進場投資，這點在 2008 年美國發生金融海嘯的時候最為明顯。

▌為什麼客戶總是會買到錯誤的理財產品

2014 年第一季台灣的媒體報導，部分銀行針對企業客戶大力推薦一種稱為 TRF（目標可贖回遠期契約）的金融商品，結果因為人民幣大幅貶值，導致購買這些商品的客戶虧損嚴重，甚至危及企業本身的正常營運，媒體說有些企業必須要賣掉資產變現才能夠因應這個虧損。

TRF 是什麼商品呢？為什麼能夠讓企業虧損如此巨大？簡單來說，這是一種銀行與客戶對賭匯率走勢的金融產品，依據合約可以連續賭 12 次或 24 次。但這個產品並不是我想要說明的重點，雖然金管會後來發現問題，趕緊叫停此類商品，但是民眾如果沒有從這類事件學到教訓，即使這個產品可能不會再出現，但可以想見將來還是會有類似的產品以不同的方式包裝出來，繼續做類似的事情，而客戶依然是會繼續賠錢，不斷循環下去。

金融產品是無形的，不像實體的電視、手機，或衣服，這些實體產品本身就能夠吸引客戶，但金融產品不同，金融

產品必須要有一套誘人的話術才能夠順利賣出去，因此金融機構都很清楚要事先訓練好銷售人員，記住一套讓客戶聽起來會心動的話術，這次讓客戶賠大錢的 TRF 自然也不例外，客戶以為這種產品的風險不高，人民幣又是只會漲不會跌，似乎是個穩賺不賠的交易。但哪有銀行會笨到與你對賭一種它只會輸的交易呢？事實上銀行知道，誰都無法預測匯率的走勢，只是目前人民幣看似升值的態勢比較明顯，因此讓你賭人民幣會升值，客戶比較有意願進場，下次當人民幣貶值一段時間之後，銀行依然會讓你站在賭人民幣貶值的一方，跟你對賭。銀行作為莊家願意站在任何一方，重點在於銀行會在合約中動手腳，如同這次的 TRF 產品，銀行在合約中就明確規定，如果匯率的走勢不利於銀行，達到某個價位，這個合約就自動中止，也就是銀行有停損的機制，但客戶卻沒有這個選項，也就是說，如果情況不利於客戶，客戶的虧損是無限的！

　　你可能會想，怎麼會有客戶那麼笨，風險如此不對等的產品也願意購買？其實台灣的東吳大學就曾經做過一個很有名的學術研究，稱為東吳賭局作業，在《投資人的大腦革命》這本書中，作者就引述了這個研究。研究人員在實驗中給受試者兩種情況選擇。第一種情況是，獲利的機率比較高，虧損的機率比較低，但是每次獲利的金額較小，而一旦虧損卻會虧損很多，這種選擇之下的整個期望值是負的。第二種

情況是，獲利的機率比較低，虧損的機率比較高，但是獲利時會獲利很多，虧損的時候卻是虧損有限，這個選擇的期望值是正的。如果是你，請問你會選擇哪一種？從期望值的正負來看，正常情況下每個人都應該會選第二種才對，因為期望值是正的。但是東吳大學的研究顯示，絕大多數的人會選擇第一種，而且會在實驗的過程中持續不斷地選擇第一種方案，直到將實驗所模擬交易的錢都輸光為止，屢試不爽。

在上述銀行推行的 TRF 產品來說，客戶等於是選擇第一種方案，而銀行是選擇第二種方案，彼此對賭人民幣匯率，結果自然是銀行站在勝方，客戶就跟實驗的過程一樣，不斷玩著這個愚蠢的遊戲，直到將錢輸光為止！其實真正重要的是整個交易的期望值，但人們總是喜歡經常獲得小利的感覺而忽略了虧損大錢的風險！事實上這些商品的客戶都是一些企業法人而不是散戶投資人，按道理，這些企業法人都是很精明的生意人，不應該如此容易上當才對，由此可見人們的大腦在面對投資，其實並不如我們想像的那麼靈光。

▌知道自己不懂什麼遠比懂什麼更為重要

前面列舉了六個人類大腦在面對金融市場變化的時候很容易產生的誤判情況。其實大腦會發生這些情況並不是太大的問題，真正的問題是，我們通常能夠看出別人的錯誤，但

對於自己的錯誤卻毫無感覺。心理學家很早就發現，很多人能夠很快就發現別人的偏頗言論，但卻不容易察覺自己的偏頗想法或論點，主要原因是，當我們觀察別人，是直接看到這個人的行為，所以當這個人的行為出現偏頗，我們很容易就會察覺到，但是當我們看自己的行為時，大腦會告訴我們這麼做的原因是什麼（不論這個理由是否是理性的），我們就會合理化自己的行為，也就很難察覺出這個行為不理性或偏頗的地方，心理學家稱這種現象為偏誤的盲點（bias blind spot），我們的大腦天生就有這個盲點，這個盲點讓我們看不到自己在很多事務上的看法或決策上都有偏頗之處，而且會讓這個錯誤不斷地重複發生，這樣的現象不僅僅發生在政治立場上，同樣也影響我們對於投資的態度。

　　而且弔詭的是，你如果越聰明或學歷越高，這種現象可能會越嚴重。國外學者曾經做過一項研究，發現學業成績（例如美國學生 SAT 分數）或其他衡量聰明才智的指數越高者，越不容易發現自己的偏誤盲點，為什麼呢？很簡單，因為越聰明的人其大腦越容易編出一套說服自己這麼做的理由或故事，如此更能夠合理化自己的行為，這點看看那些經常在電視政論節目上出現的名嘴就知道了，很多看似很有學問的人也同時是狡辯或顛倒是非黑白的高手。當然，財經界也不例外，看看 2008 年之前的那些年，華爾街各大金融機構中多少絕頂聰明的財經專家們竟然共同做出事後外界看來

十分愚蠢的事情，最後導致百年罕見的金融風暴。所以巴菲特的事業搭檔查理‧蒙格（Charlie Munger）就曾經說：「在投資領域中，知道自己哪裡不足遠比聰明才智重要。」

▌學會避開錯誤的投資行為

人們的這些錯誤的投資判斷主要都是由於「直覺系統」的誤判所造成的，但更糟的是，即使你知道「直覺系統」有這樣的問題，你還是很難去克服它，連研究這個領域的專家康納曼都曾說：「縱使我在這個領域研究了45年之久，我到現在依然可能會做出過度自信或可能偏差的預測，這沒辦法，這項缺點是我們大腦與生俱來的，『直覺系統』無法被關閉，我也沒辦法避免。」所以一個比較好的辦法就是多去了解什麼樣的投資行為是錯誤的，然後將這些行為牢牢地記住，下次當你有類似的行為出現時，你的大腦就有可能會提醒你是不是應該多想一想再做決定。

以下列舉一些投資人最常見的錯誤投資行為，供讀者參考：

1. **一味地追求高投資報酬**：這是很容易見到的錯誤投資行為，在當今存款利率如此低的環境下，很多人都想賺取更高的投資報酬，這原本無可厚非，但是有些行為卻是相當危險，例如：投資高風險的股票、用融資買進股票、購買衍生

性金融商品（期貨、外匯保證金交易）……等等，這些都是
追求高投資報酬的高風險行為，這類行為固然可能會讓你有
機會賺一大筆錢，但也可能會損失慘重，甚至血本無歸。做
融資交易的投資人基本上都是賠錢者居多，為什麼呢？因為
當你融資交易，你就會時時關注市場的走勢，因為價格只要
有些許的變化，可能就會大大影響投資價值。一旦你開始這
麼做，就很容易被市場的波動影響，做出錯誤的決策，最後
導致投資失敗的命運。所以除非你的工作就是一個全職交易
員，否則這樣的行為基本上已經不算是投資了，比較像是在
賭博。

2. **聽取市場小道消息**：2014 年初，一位在證券公司擔
任高階主管的朋友在閒聊時說：他最近發現到一個很特殊的
現象，有一檔生技股很多投資大戶在追，連平時很保守的大
戶都跳下去買了，有的還借了相當多的錢投入，聽他們說這
家公司在研發一種新藥，內線消息說藥品未來一定會通過，
前景好極了。這位朋友說這是他在證券公司工作二十多年沒
有見到過的現象，肯定這檔股票一定會有大行情。即使該股
票已經漲了不少，但他自己也投資了數百萬元買進，並強烈
建議我也跟著買。坦白說，剛聽到這種消息，心裡難免受到
影響，也有種想買的衝動，但經過冷靜的思考，還是決定放
棄這個念頭，沒多久我就忘記這件事情，也忘記朋友所說的
是哪家公司。

　　數個月之後某一天突然看到媒體報導，有家生技股因為新藥審核沒有通過，股價連續無量暴跌數日，全台投資人慘遭套牢數百億！看到這則新聞，立刻想起這該不會就是數月前朋友說的那檔股票吧？立刻打了電話詢問朋友，果然就是那檔股票，而且他也正在為此事煩惱不已，因為原本想要提前退休的美夢就此泡湯了，他說他還算是損失輕的，有的客戶已經賠到跑路了，現在都連絡不上。

　　坦白說，這類的錯誤行為很難避免，因為這些告訴你小道消息的人大多是你所信賴的人，他可能是你的親戚、好朋友、理髮師、美容師甚至是你的理財專員／投資顧問等等，而他們也是出於好意告訴你這些訊息，所以下次再遇到這種情況，先別急著做決定，冷靜下來，多找一些相關的資料，與一些專業人士聊聊，聽聽他們的看法，即使你真的要投資也應該要多了解，不是嗎？而且當你這麼做了之後，最後的決定通常都是不投資，而這個決定也多數是正確的。

　　3. 想靠短線操作來賺錢：很多金融機構為了要賺取你的手續費，告訴你短線交易就可以輕鬆獲利，最好是每天都交易更好，但這樣的話絕對不是真實的。當你頻繁地交易，唯一能夠穩定獲利的一方就是金融機構，而你通常是穩定虧損的那一個。有太多的學術研究資料顯示，交易次數與投資績效是成反比的，也就是說，交易的次數越多，投資績效就會越差，你何時看過因為頻繁交易賺大錢的投資專家呢？巴

菲特的信念是長期投資，他的名言之一就是：「當我買進一檔股票，我想的是永久投資這檔股票。」即使是避險基金的經理人如索羅斯、羅傑斯等人都不是靠頻繁交易來賺錢的，金融市場中只有一群人是靠頻繁交易來賺錢的，這些人就是知名作家麥可‧路易士（Michael Lewis）在《快閃大對決》（Flash Boy）書中所說的那群高頻交易者。但那是少數國際金融機構才有資格玩的遊戲，因為這些金融機構都能投資數十億、甚至上百億的資金，才能夠在這個領域取得優勢，所以散戶投資人在頻繁交易中永遠是最弱勢的一群人，應該遠離這個戰場才是明智之舉。

4. **追逐市場熱門的投資產品**：這也是投資人很常犯的錯誤，甚至是很多金融從業人員都會犯的錯誤，而且很難避免。投資人很難避免的原因是，這些熱門的投資產品通常都有很好的投資報酬表現，而我們很自然就會假設，這樣的好績效會持續下去。這種想法是人們自然的心理反應，心理學家稱之為賭徒謬誤（Gambler's Fallacy）。就是我們會認為過去發生的事情會一直重複下去。在籃球場上，我們也經常會聽到評論員說某個人現在的手感正好，應該多將球傳給他，而且很多人都對此深信不疑。美國就有學者曾經對此做過大規模的實驗，從過去眾多球員比賽的資料分析發現，這種「好手感」現象只是一種錯覺，根本是不存在的。所以在投資市場中，投資大師會告訴你，市場有回歸平均值的現

象，也就是跌多了會漲回來，漲多了會跌下去，最後都會往平均值接近，就好像鐘擺一樣，不會永遠往一方移動，所以追逐市場熱門的投資產品是很危險的。

投資產品的說明書上都會寫著「過去的績效不代表未來」這一句話，但就好像香菸上的警語一樣，效果似乎不大，人們很自然地會去假設，過去上漲的資產未來也會繼續上漲，過去下跌的資產未來也會繼續下跌，所以投資人總是喜歡投資已經上漲的產品，這是人性，但，這是錯誤的假設。我在前面章節提到過，只有非常非常少數的基金經理人具有真正的投資技巧，大多數只是運氣好而已。而且還有其他研究報告顯示，根據歷史資料統計（1928~2013），前一年的股市投資報酬率與下一年的股市投資報酬率的相關性趨近於0，意思就是兩者基本上是毫無相關性可言，所以追逐熱門的基金就如同是看著照後鏡開車一樣，是非常危險的行為。

另外有些人選擇投資的方式是去看一些評比，這樣的方法看似比較理性，就好像餐廳有米其林的評等，得到米其林肯定的餐廳自然有一定的水準。基金也有評等，也是用幾顆星來表示，五顆星通常表示最好的，有些投資人在選擇基金的時候，特別喜歡參考基金的評等，如果有五顆星那當然是最好，但問題是，高評等的基金就代表是好的投資標的嗎？跟選擇米其林的餐廳是一樣的意思嗎？很可惜的，並非如此。基金的評等最大的問題在於都是參考過去的資料，而基

金投資跟去餐廳吃飯最大的不同就是，不論你何時去餐廳吃飯，通常餐廳所提供的服務品質不會差異太大，所以過去的經驗是可以參考的，但偏偏基金投資不是如此。

此外，給出基金評等的主要公司之一美國晨星（Morningstar）公司曾經做過一項研究，顯示他們所評等為五顆星的基金通常之後的績效反而是落後其他同類型基金的。也就是說，這種評等其實沒有什麼參考價值，甚至可能是一種反向指標，也就是說可能評等越高的基金，其實越不值得投資，或者這其實也是一種回歸平均值的表現。

5. **往下攤平價格下跌的股票**：這也是一個很常見的錯誤投資行為，就是當股價下跌，投資更多的資金，這樣能夠讓整體投資的成本降低。例如原本是用每股 20 元買進一檔股票，結果股價跌到每股 15 元，這個時候如果再買進同樣的數量，則你每股的投資成本就會從原本的 20 元下降到 17.5 元。這種行為不只在一般投資人可以看到，我甚至聽過一些專家學者也認為往下攤平是個好方法。

支持往下攤平的人總是認為這種方法能夠讓投資成本降低，未來股價上漲的時候，也能夠比較快速地回到成本價順利解套，甚至開始獲利。這種說法如果用在大盤指數上還有點道理，但如果運用到單一股票上面，其實是很危險的，為什麼呢？因為大盤指數代表國家整體上市公司的表現，指數下跌代表整體上市公司的獲利不理想，這種現象通常是跟國

家整體的經濟表現與景氣循環有關，比較屬於短期的現象，長期來說國家的經濟還是趨向往上走的。所以當大盤下跌的時候，往下攤平可以理解，而且通常是有用的，只要耐心等待，時間一到景氣循環重新好轉，通常都能夠順利解套並開始獲利。

但是這樣的行為運用到單一股票時就有一個很大的風險，因為單一公司股價下跌的因素有很多，是跟大環境景氣無關的，公司獲利情況變差可能是因為產品已經失去競爭力、經營階層出現重大變化、主要客戶流失、公司主要負責人涉入弊案……等等眾多因素，而這些造成股價下跌的因素有可能導致公司就此一蹶不振，股價可能永遠無法回到原來的價位。看看台灣股市過去曾經風光一時的股票，例如博達電子、威盛電子……等，如果你當初被這些股票套牢又一路往下攤平，那麼肯定會攤平到散盡家產且永遠無法翻身，所以對於單一股票往下攤平的行為是非常危險的，不是股價下跌就值得去買。

6. **高估自己的能力去猜測市場的漲跌**：金融商品的漲跌是難以預測的，千萬不要以為自己有這種能力。影響金融商品的因素太多，不是我們所想像的那麼簡單。就拿黃金為例，黃金價格在 2011 年 9 月漲到每盎司 1,923.7 美元的歷史高價，當年財經人士都預測金價將會漲到每盎司 2,000 美元、3,000 美元甚至更高的價位，許多人都在 2011 年跳進

去投資黃金或黃金基金，但之後金價就一路下跌，到現在已經下跌超過 40%，光去年一整年金價就跌掉了 28%，是1981 年以來最大的跌幅，現在有些人會問：黃金可以投資了嗎？回答這個問題之前，其實更重要的問題是，誰有能力預測金價的走勢？金價的走勢是什麼因素所決定的？

　　說到誰有能力預測金價的走勢，這個問題全球最大的黃金製造商 Barrick Gold Corp 董事長彼得·孟克（Peter Munk）應該最有資格回答，聽聽看他在接受彭博商業周刊（Bloomberg Businessweek）訪問時是怎麼說的，「我在黃金這個行業已經 30 年了，但我實在沒有能力去預測金價的走勢，這件事情天天困擾著我，不論你的智商是否跟愛因斯坦一樣高，那都不重要，因為要預測一週或一年之後金價的走勢都是不可能的事情」。再來聽聽看全球最有財經影響力的聯準會前主席柏南克是怎麼說的，「沒有任何人真的清楚金價是受到什麼因素所影響的，我當然也不會假裝自己很了解」。現任主席葉倫：「我不認為當今有哪一個機構或哪一個人有一套很好的模型能夠去預測金價的走勢」。所以誰有能力預測金價走勢呢？你應該已經知道答案了。其實任何金融商品都是一樣難以預測，你可能會說，債券應該簡單一點，因為影響債券唯一的因素就是利率。沒錯，影響債券價格的唯一因素就是利率，看起來好像比預測股票或大宗商品如黃金來得容易，你錯了，偏偏利率的走勢本身就是最難預

測的。看看 2014 年初，所有的財經專家都預測當年的美國十年期公債殖利率會往上走，結果偏偏利率硬是繼續往下跌。既然財經博士、專家都無法正確預估利率的走勢，你認為自己有這個能力嗎？

7. **太過於集中投資在少數的金融商品或股票上**：我們經常可以在電視上看到一些不斷重播的撲克賭博或電影，劇中最常見的橋段就是兩個主角最後一定會在牌桌上，以一副牌賭上所有的家當決定輸贏，觀眾都很喜歡這種情節，因為緊張又刺激，贏者全拿，輸者一無所有。但我們都知道，這種賭注全下（all-in）的方式就是一種賭博，風險很高。上述看似電影情節，相信你也認為自己不會如此做，但實際上很多人的投資都是類似的行為：不是全下就是全部不下（all-out）這兩種極端的行為。

美國一項研究發現，在員工的個人退休帳戶（IRA）中，有 60% 的帳戶在過去幾年當中，不是全部都持有股票（基金），就是完全沒有投資任何股票（基金），顯示多數人還是沒有資產配置的觀念，事實上，正確的做法是不論什麼時候都應該投資部分的資金在股票（基金）上，而投資的比率應該介於 1%~100% 之間，畢竟投資不是賭博，更不是玩梭哈！

你可能會說，巴菲特的成功致富主要原因是他集中投資在少數的股票，而不是分散投資。這點沒錯，巴菲特能夠靠

著投資成為世界上最有錢的人，並不是採用分散投資的方法，但除了集中投資之外，巴菲特的成功還有其他很多的因素，如：大量的閱讀、精準的選股、長時間耐心的投資、不受外界影響的投資理念⋯⋯等等，其中光是大量的閱讀這點就是我們大多數人無法做到的。巴菲特曾說，每個人只要能夠每天閱讀 500 頁枯燥乏味的公司財務報表，最後一定能跟他一樣成為一位成功的投資人，但有幾個人能做到呢？所以巴菲特在 2014 年給股東的信中就說，他在自己的遺囑上交代遺產的信託人，未來要將他大多數遺產投資在美國大盤指數上，因為他知道他的後人根本無法像他一樣精準選擇股票，所以大多數的人還是應該採取分散投資才是明智之舉。

並不是說分散投資才能夠獲利，能夠投資獲利的方法有很多，只是有些方法並不適合投資人採用，而分散投資是比較適合大多數投資人的方法。

8. **沒有做好資產配置**：這點是我過去從事金融工作看到最多人犯的錯誤。其實資產配置的重要性遠遠超過你該投資哪檔股票、金融商品、外匯或哪檔基金。但真的很少人會認真去做好資產配置，當然，這點整個金融機構都必須負很大的責任。看看過去幾年，如果你沒有將部分的資金配置到美國股市，那麼你已經錯過了美國股市超過 100% 的獲利機會，而事實上絕大多數的人都錯過了這個機會，為什麼？原因很簡單，因為他們投資從來就沒有從資產配置的角度來思

考，而金融機構也沒有協助他們的客戶這麼做。

太多的學術研究或實務經驗告訴我們，資產配置對於投資人來說是最重要的，這點其實是所有投資行為的基礎，如果基礎一開始就沒有做好，這個投資注定是失敗的。每個人都應該根據自己的風險屬性、個人收入、年齡等等因素來適度分配資金到股票與債券上，股票能夠讓你獲取較高的投資報酬率，而債券的功能則是在金融市場情況不佳或發生一些特殊的不利因素時（例如 2008 年金融海嘯）能夠讓你的投資不至於下跌太多，這兩種金融資產都有其各自的功能，但我們看到太多人不是全部都持有股票就是全部都持有債券（現在多數人還是如此），而這兩種情況都是不正確的。

9. 頻繁查看金融市場的價格變動或你自己的投資績效：很多投資股票的人，在家裡打開電視就是看股市分析頻道，出門就是透過手機查看股市的行情走勢，而很多購買基金的人每個月收到對帳單，就會緊張地跑到金融機構詢問有些基金怎麼下跌了？該怎麼辦？是不是應該要做些轉換？其實這些都是不好的行為。

很多老一輩的人都會告誡年輕人：「結婚睜大眼睛，好好挑選，婚後就睜一隻眼閉一隻眼，不要太計較。」其實投資也是如此，寧願投資之前多花點時間做好資產配置，一旦做好投資決定就放手去做，因為你是長期投資，重點在三年、五年甚至十年後，而不是當下，所以不需要每天緊張地

看著新聞、查看金融價格走勢。

　　牢記這些錯誤的投資行為，下次當你再犯同樣的錯誤，你的大腦才有機會提醒並且解救你。

▎投資人的行為才是決定投資報酬最重要的因素

　　很多人都誤以為要投資成功，就是要挑到對的股票、要對全球經濟走勢做到精準地研究分析，其實這些都不是成功的關鍵，投資成功真正的關鍵在於你的行為，**行為才是決定成功最重要的因素**，如果沒有好的投資行為，即使挑對了股票、基金或金融市場，投資績效最後還是可能表現不好甚至產生虧損。

　　過去幾十年來有很多學者投入行為財務學的研究，也取得了很多成果，讓人們更加了解自己在投資上會有什麼樣的偏差行為。最早在投資市場上看出這種現象的人是葛拉漢（Ben Graham）教授，他也是股神巴菲特的啟蒙老師，在多年的投資經驗之後，他說出了一句名言：「投資人最大的敵人就是自己。」這句話在經過了 80 年後的今天來說一樣適用，你可能會想，既然這麼早之前就有人提出了這樣的觀念，之後也有這麼多研究，那麼為什麼問題好像沒有得到太多改善？甚至連金融專業人士也會不斷重複地犯下這些錯誤呢？答案是，即使知道某些行為是不對的，但就是控制不

了。這就跟絕大多數抽菸的人都知道抽菸對身體健康不好，但就是戒不掉一樣。

當你身處在到處都是股市資訊的地方，情緒自然會跟著亢奮起來，你的大腦也就更容易受到「情緒系統」的控制。行為財務學專家丹・艾瑞利（Dan Ariely）教授曾經做過一個很特別的實驗，這個實驗的目的是想知道，當人們在特別亢奮（性興奮）的時候，是不是會做出不同於冷靜時的反應？他讓一群加州大學柏克萊分校的學生先在冷靜的時候填寫一份問卷，問卷主要是問學生一些跟性行為有關的事情，包括是否會去從事不安全的性行為？是否會受到引誘去進行不道德的性行為？是否曾經衝動地想進行約會強暴……等等，結果不出意料，這群優秀的學生大多展現出高超的道德標準，不會進行不道德的性行為。但這群學生還要進行第二階段的實驗，這次這些學生被要求要在性需求亢奮的情況下填寫問卷（至於是如何做到情緒亢奮就自己去找資料來看吧），結果出乎意料，即使是這群優秀且頂尖的學生（理論上來說，道德行為會比較高才對），在情緒亢奮的時候，願意去進行不道德或不安全性行為的比率比冷靜的時候高出許多。這個實驗結果清楚地告訴我們，當我們冷靜的時候，很容易思考哪些行為可以做，哪些行為不可以做，但是當我們處在情緒興奮的時候，「情緒系統」就會打敗理性系統，讓我們做出自己清楚知道不應該做的行為。

▌學習希臘神話英雄尤里西斯

希臘神話故事中提到，英雄尤里西斯（Ulysses）在特洛伊戰爭獲勝之後，返航途中歷險的故事。在即將經過海妖島嶼時，他知道自己很難抗拒海妖美妙歌聲的誘惑，因此命令船員將自己綁在船柱上，藉此成功抵抗了女妖動人的歌聲，最後才能回到家園和妻子團聚。尤里西斯能夠成功抵抗女妖的誘惑，並非他的意志過人，而是他很清楚知道自己的弱點，同時事先做了預防的工作。這也是投資人應該要學習的，面對投資，我們的大腦會抵抗不了市場出現的誘惑，做出錯誤的投資決策。

仿效尤里西斯的行為，有什麼好處呢？很多人在進場投資股票通常都會說：「我不擔心，因為情況不對的時候，我知道何時該退出市場。」或者會說：「我是長期投資人，所以不會擔心短期股市的波動。」但歷史經驗告訴我們，當事情真的發生不好的變化時，投資人很難維持原先的承諾或想法。研究發現，當人們面對外在環境與情況不斷改變的時候，很難光靠意志力去堅持原先的想法，而透過預先設定一個計畫，將自己控制在原先的想法上會是一個比較好的做法。

例如銀行理財業務中的定期定額投資法，能夠讓客戶預先設定每個月時間一到，就固定投資一筆資金到自己設定的

基金，這就是一種強迫投資的好方式。這就像希臘神話中的尤里西斯將自己綁在船柱上面一樣，這樣一來就能夠避免抗拒不了誘惑而做出錯誤決定。大多數的人開始投資以後，市場若持續往上漲，就很容易堅持當個「長期投資人」，因為看到了獲利。但是如果市場下跌，甚至下跌幅度很大，很多人就無法堅持原先當「長期投資人」的想法，這點光靠意志力是很難做到的，所以定期定額投資基金能夠減少我們對於進場時機的判斷（因為判斷幾乎都會是錯的），這樣才能夠克服心理層面所產生的錯誤判斷！

　　拿破崙曾經說過：「一個傑出將軍的特質就是，當週遭的人都陷入瘋狂情緒中，他還能夠冷靜得跟平常人一樣，做平常該做的事情。」

　　這段話不僅是一位傑出將軍應該有的特質，也是一位好的投資人應該有的態度。

● 快速結論 ●

　　每個人在做投資決策時，都會受到各種心理因素的影響，更糟的是，即使你知道這一點，依然無法避免受到影響。所以下次當你聽到某個消息或新聞，想要立刻進行某項投資交易時，最好的辦法就是先出去外面走一走冷靜一下，讓自己有個 2~3 天的時間思考，或跟不同的人聊聊，通常這時候你就會發現自己並不那麼想進行該項投資交易了。一般來說，衝動的投資決策都不會是好的決策。

你的行為才是決定投資報酬的關鍵。

5

哇！我看到水星上的米老鼠圖案

「別再相信什麼型態（pattern）了，金融市場中根本就
沒有什麼固定不變的型態，唯一從來沒有變過的型態只有一
個，那就是投資人的行為模式，永遠都是買高賣低，而且從
來都沒有改變過，所以你如果能夠破除這個型態的迷思，那
你就成功了！」

——《真希望我第一次買股票就知道這些事》作者

卡爾・理查茲（Carl Richards）

小女孩：叔叔，我有一個大發現！

我　　：什麼祕密？

小女孩：那就是我發現如何讓運氣變好的方法了。

我　　：真的？是什麼方法？

小女孩：我發現只要每次用這支原子筆考試，我的成績就
　　　　會特別好，你不可以跟別人講這個祕密喔。

我　　：好，我答應你不跟別人講，但這個方法真的有效嗎？

小女孩：有效啊，我已經連續兩次用這支筆考試都考滿分，
　　　　上一次沒考滿分就是因為沒有用這支筆。

我　　：所以你認為這支筆是你的幸運物品，會帶給你好
　　　　運，對吧？

小女孩：嗯，沒錯，這就是我新發現的祕密。

我　　：很多人都會有自己的幸運物品，也都相信帶著這個
　　　　幸運物品可以帶來好運，但你有沒有想過，這兩
　　　　次考滿分也可能是因為其他的原因而不是因為這

支筆，例如睡眠比較充足或這次的考試比較簡單？

小女孩：睡眠有沒有比較充足我不知道，但這次好像真的
　　　　考滿分的人比較多，應該也算是比較簡單吧！

我　　：所以好運氣可能有很多原因，不一定是這支筆的
　　　　關係，不過如果用這支筆能讓妳更有信心，那妳
　　　　下次就繼續用這支筆考試吧！

投資人為什麼那麼相信市場的型態

　　美國太空船曾經在經過水星的時候，傳回了一張水星的
照片，結果人們一眼就看到水星上似乎呈現一個米老鼠的圖
樣。同樣的，也有人在麵包上發現很像耶穌的圖像、某棵樹
上有個動物的臉，或者是在很多天災發生之後，網路都會流
傳一些很奇特的照片，例如地震之後天空會出現某個圖像、
人物等等。更多的時候，當我們抬頭看著天上的雲朵，很容
易就會看到這些雲朵好像某個東西，可能是一隻動物、一
架飛機或一張人臉。為什麼我們每個人幾乎都能夠很容易地
看到這些型態呢？這是因為我們大腦裡面有一個很重要的功
能，這個功能讓我們遠古的老祖先能夠在草叢中遠遠地就辨
識出野獸，也能夠在暴風雨即將來臨之前就看出天候的變
化，及早躲避這些危險。

　　所以我們的大腦都具備這樣的功能，小嬰兒在未滿一週歲前就有能力辨別出爸爸、媽媽等親人的臉型，這是因為我們的大腦非常擅長去尋找型態。這也是我們都很擅長看圖說故事的原因，一個小孩子即使還不會認字，但已經能夠看著故事書上的圖案，說出一套自己認為的故事，而這更是很多人都喜歡用技術分析的原因，因為這個技巧是我們所擅長的，差別只是每個人看到同樣一張圖，說出來的故事可能會不同而已。但大腦的這項功能在當今社會無比複雜的環境之下卻顯得軟弱無力，甚至會誤導我們，反而帶我們踏進危險之中。遠古時代，如果我們的祖先「以為」發現了野獸，「以為」暴風雨要來臨了，提早躲避，但事後證明那只是溫馴的動物，暴風雨也沒有來臨，都沒有關係，錯誤的型態辨識並不會造成致命的後果；但用在投資的時候，這種錯誤的型態辨識卻可能造成慘痛的後果。

▌自以為是的相關性

　　神經經濟學（Neuroeconomics）是近期發展出來的一門學科，它是結合神經學、心理學與經濟學的一門學科，這個新的研究領域是希望透過研究動物的本能來認識投資人的行為，早在 1948 年動物學家斯金納（B.F.Skinner）就曾經對一群鴿子進行實驗，他會在固定時間餵食這些鴿子，但在他

要給這些鴿子食物之前，可能有些鴿子正在打開牠的翅膀、有的鴿子正好往右邊跳、有的鴿子正好低著頭……等等，而當這些鴿子做完這些動作之後，「剛好」食物就出現了，這時斯金納會發現，這些鴿子會「以為」這些動作跟獲得食物有關。於是下次當牠想再獲得食物，就會做出相同的動作，如果當牠又做出這個動作之後，「剛好」有食物出現，這隻鴿子就會更加相信牠的動作與食物之間的關係了！

　　當然，我們都知道，這些動作根本就跟食物之間是完全沒有關係的。這也是我們在第三章所提到的「大腦的解釋器（interpreter）」在運作的結果，人類大腦的解釋器是讓我們比其他動物更為聰明的重要功能，但對於高度不確定的活動（例如金融市場的變化）卻顯得力不從心，大腦的解釋器會讓我們誤以為有某種模式（pattern）或因果關係的關聯性出現而讓我們產生誤判。

▌別再被單一指標給耍了

　　很多分析師都喜歡將股市跟某個變數拿來一起分析，例如：GDP與股市、企業盈餘與股市、利率與股市……等等，好像這個變數就能夠用來解釋甚至預測股市的變化，如果事情真的這麼簡單，股市投資就太容易了。事實並非如此，影響股市變化的因素太多了，即使你能夠將所有可能的因素都

列出來，還有一個問題，就是這些因素對於股價的影響程度在不同時期會有不同的效果，例如有時候利率對股價的影響很大，有時候卻又沒有太大的影響，所以這樣做根本就無法成功，只是一個幻想而已。

這些型態是真的有很高的預測能力？還是只是一個巧合呢？紐約時報的專欄作家、也是《真希望我第一次買股票就知道這些事》（The Behavior Gap）這一本書的作者卡爾・理查茲（Carl Richards）曾經說過：在投資上，只有投資人的行為模式才是唯一永遠不變的型態。他說：人們總是喜歡在各種資料中尋找一些型態出來，然後自己「相信」這些型態會有一些「預測未來」的價值，但這些型態最後都會被證實是沒有預測未來的功能。他還舉一個學術研究報告為例，該報告說其實只要運用統計的方式，要在金融市場裡面找到型態是很容易的，問題在於這些型態真的有用嗎？例如，根據統計結果，下列三個因素可以 99% 解釋美國股市的變動：

1. 美國與孟加拉所生產的奶油數量。
2. 美國與孟加拉所生產的綿羊數量。
3. 美國所生產的起司數量。

這當然也可以說是股市的一種型態，因為從統計學來說，這三個變數幾乎已經能夠完美說明股市會如何變動了，但你真的敢相信嗎？所以，卡爾・理查茲告訴投資人，別再

相信什麼型態了，金融市場根本就沒有什麼固定不變的型
態，唯一從來沒有變過的型態只有一個，那就是投資人的行
為模式，永遠都是買高賣低，而且從來都沒有改變過。所以
如果能夠破除看圖表型態的迷思，你就成功了。圖表能幫助
我們理解長期的趨勢，但不能拿來當作預測未來的工具，這
點一定要區分清楚。

　　股市其實很像是一個混沌的環境，什麼是混沌的環境？
侏儸紀公園這部經典電影裡，男主角跟女主角解釋什麼是混
沌，男主角拉起女主角的手，然後拿起一個杯子，把杯子裡
面的水慢慢倒在女主角的手背上，然後告訴女主角，每一次
我倒這個水到妳的手背上，最後水都會流到不同的地方，這
就是混沌。這個說明非常簡單易懂，意思就是說即使看起來
同樣的動作，但每一次結果都是不一樣的，因為有一些微小
的變化是我們沒有看到的，例如每一次的風向可能不同、倒
水的速度可能不同、手舉的角度可能不同……等等，這些都
會影響水流的方向，而這一點點小小的不同，就會導致結果
的不同。

　　所以，當我們聽到或看到有人說：

　　「因為 xxx 國家的 GDP 連續兩季呈現負值，經濟表現
非常不好，所以未來股市的前景不好。」

　　或是

　　「通常利率上升的時候，股市的表現都會不好，而未來

利率只會往上走，所以應該避開股市。」

或是

「股市（或某個股票）價格的平均線已經呈現黃金交叉／死亡交叉，所以未來股市看漲／看跌。」

上面這些話你可能會覺得很熟悉，也經常會聽到財經評論的人如此說，看似很有道理，有時候這些評論的人還能夠秀出一張圖告訴你這兩者之間的相關性，這些論點不外乎都在傳達一個含意：這個變數是能夠預測股價走勢的。但你如果真的相信了，那就是愚蠢的行為。

要知道這種言論有多麼愚蠢，只要上一個叫做 Tyler Vigen 的網站就知道，這個網站上面列出很多兩者實際上無關但相關性卻很高的例子與圖表，例如美國人民消費奶油的平均數量與摩托車騎士在車禍中死亡的人數，任何人一看都知道這兩者是完全無關的，但資料顯示兩者的相關係數高達 0.916391。

再舉個例子來說，一個在美國股票市場中經常有人提到的指標叫做超級盃指標（superbowl index），這個指標的意思是說，美式足球超級盃比賽如果當年是由美國足球聯盟（AFC）的冠軍隊伍獲勝，則當年的股市會是熊市。反之，如果是由國家足球聯盟（NFC）的冠軍隊伍獲勝，則當年的股市會是牛市，這裡講的股市指的是美國道瓊工業指數，

且根據過去的歷史資料顯示，這個指標的準確率高達 80%
（33/41）。

　　還有一個很有趣的股市指標，稱為運動畫刊封面指標。
運動畫刊（Sports Illustrated）是美國著名的運動雜誌，該
雜誌每年都會有年度泳裝特輯，這集雜誌特別受到關注，每
年特輯銷售量都是平常的 10~15 倍之多，由此可見大家多
愛看！當然美女是人人都愛看的，特別是穿得很少的美女，
更是吸引眾人眼球的保證，運動畫刊為了吸引更多人的眼
球，每年的泳裝特輯封面女郎也越穿越少，從早期的封面風
格是注重風景與人物的整體搭配，到後來焦點逐漸放在封面
女郎的身材，比基尼更是成為標準的配備。2000 年之後，
封面女郎更是連比基尼的上衣乾脆都省了。但是大家除了愛
看美女穿泳裝之外，還有個理由，那就是能夠預測該年股市
的漲跌。怎麼說呢？根據「傳說」，如果封面女郎是美國籍，
則當年的美國股市是看漲的；反之，如果是非美國籍的，則
當年股市就看壞！

　　從 1978 到 2011 年這段期間來看，如果泳裝封面人物
是美國人，標準普爾 500 指數的平均投資報酬率為 14.3%，
而非美國人的年份中，標準普爾 500 指數的平均投資報酬率
為 10.8%。從歷史數據來看，這個經濟指標似乎真的有些預
測的能力！從上述兩個例子可以看出，其實相關性是很容易
誤導大眾的。

其實說到相關性，最著名的就是最多人相信的星座與個性的關係，很多人都相信我們出生的日期所代表的星座與個性有關聯，甚至能夠預測我們一生可能會發生哪些事情。英國心理學家李察‧韋斯曼（Richard Wiseman）在他的《怪咖心理學》（Quirkology）中提到，漢斯‧艾森克教授（Hans Eysenck）曾經針對星座與個性的關聯性做過一個實驗，這個實驗是針對一群深信占星術的人所做的，艾森克教授給這些人（大約 2,000 人左右）填寫一個人格量表，從這個人格量表中可以看出一個人的個性是屬於外向還是內向、情緒是屬於冷靜還是衝動等等，然後艾森克教授再從填表人所填寫的生日來比對，此人生日所代表的星座是否跟他／她所填寫的人格量表反映出來的個性吻合。結果從這些人所填寫的資料來看，發現星座與個性之間是很吻合的。艾森克教授懷疑這些人原本就已經很清楚星座與個性之間的關係，所以「誤認為」自己應該是屬於哪種個性。所以艾森克教授又做了另一個實驗，這次艾森克教授找來了 1,000 名兒童，同樣給這些兒童填寫人格量表與生日，結果這次做出來的結果顯示，個性與星座完全沒有關聯。相信個性與星座有關聯的人，做出來的結果就有關聯；反之，對星座沒有認識者就沒有關聯，所以艾森克教授的結論就很清楚了：星座與個性是沒有關聯的！

但是艾森克教授的這項研究改變多數人對於星座與個性

之間有關聯的想法了嗎？顯然沒有，信者還是恆信！也有一些人相信星座跟個性之間是有關聯的，但將這種說法當成一種茶餘飯後，朋友之間閒聊打屁時的話題，不會對生活造成什麼影響，也就不會太在意這個真實性。但是跟投資有關的型態就不一樣了，如果誤信了，可能會造成嚴重的損失，切記。

── **快速結論** ──

　　金融市場並不存在一定會上漲或下跌的型態，也沒有哪個價位是絕對無法突破的，這些都是人們自己想像出來的說法，所以千萬不要依據這種型態去貿然地進行投資。

金融市場中所謂的「型態」起於人們的猜想，不可貿然據之投資。

6

誰能夠預測金融市場的走勢？

「市場上只有兩種經濟預測者，其中一種人不知道未來
會如何，另外一種人不知道自己不知道未來會如何。」

——美國知名經濟學家

約翰·肯尼斯·高伯瑞（John Kenneth Galbraith）

小女孩：叔叔，他們每個人手上都拿著一張紙，很認真地
　　　　在研究，那是在做什麼呢？

我　　：喔！那張紙是之前彩券開獎的號碼，他們是在研
　　　　究下一期會開幾號？

小女孩：下一期會開幾號跟之前的號碼有關係嗎？

我　　：他們認為從以前開獎的號碼可以推算出未來會開
　　　　的號碼。

小女孩：你認為會嗎？

我　　：我認為每次的彩券號碼完全是隨意被挑出來的，
　　　　所以我認為不會。

小女孩：他們為何還這麼認真地在研究呢？

我　　：因為他們不認為彩券的號碼是隨意被挑出來的，
　　　　他們認為是有規律的。

小女孩：那他們有人猜中過嗎？

我　　：好問題，就我所知是沒有，但他們會認為那是因

　　為還沒有找到真正的規律，所以還沒有猜中，因此他們還會繼續努力去研究。

▌四歲小女孩說「早點睡」可能投資績效會更好

　　自古以來就一直有很多人相信，有些特殊的人是有能力預測未來的，因此西方有占星術，中國有算命師，而且相信的人還不少。但這些人真的有預測未來的能力嗎？來看看一個有趣的實驗，《怪咖心理學》這本書的作者李察‧韋斯曼在書中提到，在 2001 年的時候，當時英國很流行金融占星學，一些占星師認為他們可以從一家上市公司的成立日期來推測出這家公司未來的財務情況。心理學家李察‧韋斯曼很好奇這些人真的有這種能力嗎？於是他就做了一個實驗，他找來了專業的金融占星師、資深的投資分析師與四歲的小女孩，這三個人要進行一項比賽，就是每個人都要用自己的方式挑選一些股票做成一個投資組合，然後一年之後看看誰的投資組合獲利最高。金融占星師認真地分析了各家公司的成立日期，挑選出他認為日期最有利的幾家公司；資深的投資分析師運用了複雜的投資理論也挑選出他心目中的最佳股票組合；最後是四歲的小女孩，她的選股最直接，讓研究人

員將 100 張寫著各家公司名稱的小紙條往天空拋去，等紙條落地之後，小女孩就從這些紙條中隨機撿了四張當成她的投資組合。一年過去了，當年的英國股市走勢不佳，全年下來股市是下跌的，而資深投資分析師的投資組合表現最差，遠低於大盤的表現，下跌了 46.2%，其次是專業的金融占星師，他的投資組合虧損了 6.2%，表現最好的是那位四歲小女孩的投資組合，整年下來獲利 5.8%！英國的太陽報（The Sun）對於這位小女孩的成功很感興趣，更請她給股市投資人一些投資上的建議，她的建議是：「錢非萬能，但是糖果是萬能的」、「早點睡」、「注意日益成長的兒童玩具市場」。

當然你可能會認為那位四歲小女孩只是運氣好而已，一個例子不代表什麼。但其實這種類似的例子相當多，很多人應該都聽過基金經理人的選股法輸給猴子擲飛鏢的選股，另外 2012 年英國金融時報曾經報導該國所做的一個類似的實驗，這次找來的是一隻貓，名字叫做奧蘭多（Orlando），比賽分為三組，奧蘭多與一群基金經理人和一群高中學生對抗，每個隊伍都會拿到 5,000 英鎊的投資資金，可以選擇五檔股票作投資。基金經理人組與高中學生組都是採用傳統選股的「科學」方法，作為選股的策略，而奧蘭多這隻貓是玩弄著一隻玩具老鼠，看玩具老鼠掉到哪個格子的方法來選股，投資期間為一年，每三個月各組都可以選擇要更換股票

或者是不換，到了 2012 年第三季結束，基金經理人組最為領先，投資獲利是 497 英鎊，奧蘭多的獲利是 292 英鎊，位於第二，高中組殿後。此時基金經理人組信心滿滿，認為自己篤定會獲得最後的勝利，沒想到，進入第四季，奧蘭多選擇的股票突然開始大漲，最後奧蘭多的投資組合獲利高達 5,542.6 英鎊，遠遠超過了基金經理人組的獲利，奧蘭多這隻貓靠著其「獨到」的選股策略獲得了最後的勝利。

有太多的案例與實驗告訴我們，即使是專業的財經人士都沒有預測市場走勢的能力，那為什麼每天還是有那麼多的金融預測出現呢？答案很簡單：投資人需要。就跟醫生的情況很類似，投資人「需要」得到金融業給他們這些「有信心」的預測，好讓他們能夠放心地去投資，市場上有需求就會有供給，需求越大供給自然就越多，所以只要投資人不斷地需要金融走勢的預測，就會有財經專業機構與人士不斷地提供「專業的預測」，而且因為這些人是「專家」，所以在我們的大腦裡也會很自然地告訴自己，他們說的是對的，他們的預測是準確的，我們都是信賴且服從專家的。

理財專員的工作並不是去預測市場的走勢

每個理財專員／投資顧問每天面對最多的客戶問題，大概就是 xxx 金融商品會不會漲？何時會漲？過去我在銀行工

作期間，最常被客戶問到的就是這類問題，銀行舉辦客戶投資說明會，客戶發問最多的也是這種問題，好像從事投資理財工作的人「應該」都會知道這種問題的答案，都有能力預測金融商品的走勢，但本章就要告訴讀者，理財專員／投資顧問的工作並不是預測市場的走勢，因為理財專員／投資顧問並不具備這樣的能力。

雖然理財專員／投資顧問並不具備預測金融市場走勢的能力，但是因為客戶都想知道這類的答案，也因此理財專員／投資顧問就會配合客戶的需求，給出自己或公司的答案，這樣的結果通常就演變成客戶的資金都集中在某一類的商品上面。最明顯的例子就是金融海嘯之後，大多數人的資金都集中在保守的債券商品，因為理財專員／投資顧問自己或公司都認為這段期間債券的表現會優於股票，也因此絕大多數台灣的投資人都沒有參與到過去這幾年歐美股市的上漲。集中投資不管是集中在風險高的股票或風險低的債券。對客戶都不是最好的，所以理財專員／投資顧問的角色與職責應該是要協助客戶避免陷入這種過度集中投資的情況。

從專業的角度來說，理財專員／投資顧問的工作並不是在「猜測」哪個市場表現最好，如果你的理財專員／投資顧問這樣做，對方只是拿你的錢在開玩笑。同樣的，如果你期待理財專員／投資顧問這麼做，那麼你是拿自己的錢在開玩笑。事實上銀行的理財專員／投資顧問最應該做的事情是協

助客戶做好資產配置，並且「堅定」地去執行。有些理財專員／投資顧問不喜歡跟客戶談資產配置的原因，是那似乎很無趣、很不專業，預測市場感覺起來有趣也專業多了，不是嗎？其實這完全是錯誤的觀念，資產配置不是沒有用，只是需要時間去表現，不是短時間就可以看到成果的。所以下列幾點是讀者必須要知道的，也是我過去經常告訴金融機構的同事們要注意的事情：

1. 資產配置／分散投資的方法需要長時間才能夠看出效果，這個長時間至少需要幾年，不是只有幾天、幾個星期或是幾個月而已。

2. 是的，講資產配置是很無趣的，這就好像棒球選手上場都想打全壘打，誰會想要只是打一、二壘安打而已，不是嗎？但是，你要知道，如果一個選手每次上場都只想打出全壘打，可能的結果就是反而會更常出局，很快就再也沒有機會上場了，最好的打擊手想的是如何才能夠上壘而不是打全壘打。

3. 任何設計再精良的投資組合都會在某個時點看起來好像是錯的，客戶想要將表現不好的資產調整到表現好的資產上面，這絕對是人之常情，但理財專員／投資顧問之所以有價值，就在於應該要在事前協助客戶設計一個合適的投資組合，然後帶領客戶堅定地執行下去，否則客戶為什麼需要理財專員／投資顧問呢？

▌市場上許多投資建議依據的是過去的經驗而不是未來

在銀行從事財富管理相關工作十餘年的經驗告訴我，許多的投資建議通常是落後指標，為什麼呢？我在前一章提到，每個人的投資行為才是決定投資結果最重要的因素，而人們的大腦與情緒很容易導致我們做出錯誤的投資行為，銀行的理財專員／投資顧問也是人，自然也不例外，也會做出錯誤的投資建議。

前面提到，金融市場過去一段時間的表現無法預測未來的走勢，因為未來具有高度的不確定性，誰都不會知道未來會如何，所以當客戶要求理財專員／投資顧問對未來做出預測的時候，大多數的理財專員／投資顧問最安全的做法與回答就是：以過去三個月或一年市場績效好的商品來作選擇。這樣的結果就是，看過去三個月或一年哪個金融資產表現好，如果是債券，就建議投資人將資金放在債券上面；如果客戶想要投資股票，就建議過去三個月或一年表現最好的股票市場。這種做法事實上就跟一般投資人的投資行為是一樣的，也是造成投資人買高賣低最主要的原因，因此這就是理財專員／投資顧問所給的投資建議，普遍都是落後指標的原因。這種情形在我過去的工作經驗中不斷出現，從 1980 年代的日本股市、1990 年代的新興市場、2000 年的網路科技

到 2008 年金融海嘯之後債券市場都是如此，只是每一次的投資標的不同而已，銀行的理財客戶總是在這些市場最不容易賺到錢的時候投入資金，最後的結果當然也就不好。

什麼時候理財專員／投資顧問又會開始看好股市呢？答案就是當市場已經漲很多的時候，例如 2014 年這種情況就明顯出現了，開始有些理財專員／投資顧問會推薦客戶投資多一點在股市，少一點在債券。結果在歐美股市已經上漲多年之後，銀行的理財客戶才開始注意到股票市場，也才願意投入資金，難怪散戶通常都是股市中套牢最嚴重的一群人，因為散戶的資金都是多頭中最後一波進場的。

現在理財專員／投資顧問「終於」開始喜歡股票了，但這是好消息嗎？未必如此！我們現在回頭看，金融海嘯之後這六年的時間裡，堅持買進並持有的策略才是真正的贏家，買進並長期持有的策略才是所有投資人應該採用的方法。

金融機構的股市預測資料有多少參考價值？

剛才談到銀行理財專員／投資顧問的投資建議通常都是落後指標，那麼金融機構那些聰明絕頂又領著高薪的經濟分析師、投資分析師，甚至是全球最有財經影響力的美國聯準會主席的建議呢？有比較好嗎？我們看看過去的例子，2008年美國發生的那場波及全球且百年罕見的金融海嘯，美國股

市一年多的時間就腰斬了一半，造成很多投資人畢生的積蓄大幅縮水。事後很多人就在檢討，華爾街那麼多的股市或經濟分析師，為什麼沒有人能事前看到這場金融風暴呢？

我們看看 2008 年美國嚴重的次貸危機爆發前，財經媒體是怎麼說的：

- 美國知名財經電視節目主持人吉姆・克萊默（Jim Cramer）：「跟股市的空頭走勢道別吧，準備迎接股市大多頭的來臨！」

- 美國華爾街知名投資分析師與 Forbes 雜誌專欄作家肯・費雪（Ken Fisher）：「現在到年底股市還有繼續上漲的空間……所以，持續買進吧！」

- 美國聯準會主席柏南克（Ben Bernanke）：「我不認為大型的銀行現在有什麼嚴重的問題！」

- 高盛銀行（Goldman Sachs）：「經濟衰退已經離我們越來越遠了，股市的負面消息也會越來越少，股市將會繼續上漲！」

- 美國知名財經雜誌 Barron's：「美國房地產市場短期已經觸底，即將反彈！」

你如果認為 2008 年的次貸危機是特例，再看看 1999~2001 年網路泡沫期間（股市當時跌到 2003 年第一季才止跌），華爾街人士是怎麼說的：

- 2000 年 2 月，美國財經媒體 CNBC 節目主持人賴利·庫德洛（Larry Kudlow）：「股市短期的修正只會到今年中，即使聯準會主席葛林斯潘都無法阻止這一波的網路經濟。」

- 2000 年 12 月，雷曼兄弟銀行分析師：「今年的股市修正已經告一段落，現在是投資人應該要採取攻擊而非防守的時候了！」

- 2000 年 12 月，美國聯準會主席葛林斯潘：「根據華爾街上千位股市分析師對於未來 3~5 年美國公司的盈餘預測結果來看，美國公司的營運狀況仍然是很好的，而且預期這種情況仍然可以維持很長一段時間。」

- 2001 年 3 月，美國 CNBC 知名財經電視節目主持人瑪麗亞·巴蒂羅姆（Maria Bartiromo）：「現在進場投資股市的那些投資人，他們並不是因為不懂投資市場而胡亂投資，而是聰明地善用媒體的財經資訊做出正確的投資決策。」

- 2001 年 4 月，高盛投資銀行知名股市分析師艾比·喬瑟夫·科恩（Abby Joseph Cohen）：「去年此時股市的氣氛是很緊張的，因為當時的股價已經偏高，而現在股價卻是偏低的。」

- 2001 年 8 月，CNN 電視知名節目主持人婁·多布斯（Lou Dobbs）：「讓我再講清楚一點，我對於現在的股市與經

濟是非常看好的，我再重申一次，我看好股市！」

很差的預測，不是嗎？但是當時你看這些財經預測與評論，即使沒有完全相信這些預測，你也很難看出有什麼不好的事情即將發生，更不會想到之後竟然會發生這麼嚴重的股災。所以麥肯錫顧問公司在 2010 年 6 月發表一項研究報告：「根據我們的研究發現，華爾街的股票分析師總是在錯誤的時間，不是過度的樂觀就是過度的悲觀！」

▌了解金融機構是如何做出投資預測的

曾經有學者針對華爾街的預測報告做過研究分析，結果發現高達 93% 的時間裡，華爾街的金融機構對於股票市場給出的建議都是「看好」的。會出現這樣的情況，主要的原因之一是大多數的人並不喜歡看到「悲觀」或「負面」的預測，這樣會讓人感覺不舒服，好像未來是沒有希望的，華爾街知道人們喜歡看到正面的訊息，媒體當然也知道，既然大家都想得到正面的訊息，於是它們就提供正面的訊息。這點我們來看看當時國外這些著名的媒體是怎麼描述股票市場走勢的：

• 紐約時報 2008.5.15（金融海嘯爆發前夕）：投資人不需要過於擔心市場前景，因為只有 5% 華爾街分析師的建議是「賣出」！

- **紐約時報 2009.2.8（金融海嘯已經發生而且股市已經大跌）：為什麼華爾街的分析師總是不斷地建議投資人「買進」！（媒體這時候才開始質疑華爾街的分析師，但是股市卻是在 2009 年 3 月觸底，並開始出現超過四年的大多頭行情）**

　　另一個原因就是股票市場的長期走勢（特別是美國）都是上漲居多，事實上大家都不知道下一年的股市會如何，所以從機率的角度來說，最安全的預測就是「預測」會上漲！所以美國知名股票分析師也是黑石私募基金的副董事長拜倫‧維恩（Byron Wien）就曾經說過：「華爾街的股市分析師做預測是很容易的，最常做的股市預測就是下一年度股市會上漲 10%。」

　　另一種華爾街常見的預測方法，就是用很極端的預測數字來吸引外界的注意，特別是當某個金融商品連續上漲或下跌很多的時候，這類極端的預測就會出現，但通常也是一種反向指標。最有名的例子大概就是 1999 年，美國科技網路股票一片看好，即使股票已經漲了很多，但是華爾街說新時代來臨了，看多的氣氛瀰漫整個市場。當時最受人注意的就是一本財經書籍的出版，書名就叫做《道瓊 36,000 點》，該書的內容認為，由於網路科技的進步帶動經濟，美國的股票即使在經過多年的上漲之後依然很便宜，該書預測美國道

瓊工業指數將在短短幾年內上漲到 36,000 點的驚人價位。該書的作者詹姆斯‧格拉斯曼（James Glassman）在 1999 年 10 月該書出版後不久接受媒體訪問時還說：「美國投資人現在最危險的行為就是沒有進入股市投資，現在的股市不是泡沫，股價仍然是低估的。」結果隔年股市就暴跌了 50%！

　　另外一個例子是油價，2008 上半年國際油價大漲，當時原油價格每桶來到 140 美元以上，高盛金融機構就順著這種趨勢發表預測：「油價接下來很快會上漲到每桶 200 美元」，至少還有另外一家金融機構甚至預測每桶原油將會漲到 300 美元的驚人數字，當時這種預測很能夠吸引人們的注意，也很少有人會去質疑，因為這種假設過去的趨勢會繼續下去的預測方法是最穩當的一種預測，但是這種預測毫無意義。結果油價不僅沒有漲到高盛所說的每桶 200 美元，到了 2008 年底甚至跌到每桶將近 40 美元的低價！

　　現在這種情況又再度出現，2014 下半年國際油價在各界專家都毫無心理準備的情況下突然快速下跌，到了年底已經跌破了每桶 60 美元，金融機構紛紛發表看壞油價走勢的預測，很多預測 2015 年的油價將跌到每桶 40 美元甚至 30 美元以下的價位，雖然這個預測是否會成真還需要時間去證明，但是對於這類的極端預測，投資人還是聽聽就好，如果真要認真面對，那麼可能反向操作也許會更好。

　　所以你現在應該已經知道了，當所謂的「財經專家」做出股市或經濟預測，投資人要知道這種預測出錯的機率是很高的，不論講的人是多麼有自信。就像我在本書前兩章所提到的，投資人要學會用機率去思考，在金融市場中沒有「絕對」會發生什麼事情，只有發生的機率高或低而已。

▋ 專業財經人士的過度自信現象更為嚴重

　　太多的證據證明財經專業人士對於金融市場的預測都是不準確的，但更麻煩的地方是，他們卻對於自己的預測非常有信心，這點會讓投資人更難以不去相信這些預測。上一章我提到人們普遍都會有「過度自信」的現象，而事實也證明專業人士這種「過度自信」的現象更為嚴重。由於客戶需要金融機構給出投資預測，因此金融專業人員就必須表現出對於自己的預測是非常有信心的，以至於過度自信的現象在這些人員身上更是明顯。

　　瑞典的學者古斯塔夫・托倫格倫（Gustaf Törngren）和亨利・蒙哥馬利（Henry Montgomery）曾經做過一項實驗，他們找來了兩群人，一群是在學的學生，另外一群是專業的投資分析師，然後請參與研究的學生與專業投資分析師從兩檔股票當中挑出他們認為會在接下來一個月表現比較好的那檔股票，也就是二選一的決定，這些股票都是知名的藍籌

股，同時也會提供前一年的財務狀況與股價走勢圖資料（這也是很多人挑選股票的依據）。

實驗的結果出爐，以信心程度來說，這群學生的信心程度平均是 59%，而專業的投資分析師信心程度是 65%，這點是很合理的，專業人士理當更有信心。預測的準確度呢？這群學生的預測準確度是 49%，其實就跟丟銅板來猜測的機率是一樣的，而專業的投資分析師準確度只有 40%，比丟銅板的機率還低！更特別的是，有些專業的投資分析師的預測信心程度是 100%，也就是完全相信他們自己的判斷是對的，但這些人的預測準確度卻只有 12% 左右。最後，問他們做出決策的主要依據，學生大多認為自己是用猜的，這很合理，也跟最後呈現出來的結果吻合，而這群專業的投資分析師呢？最多人選擇的是「其他知識」。也就是說，除了研究人員所提供的前一年的財務狀況與股價走勢圖資料之外，這些專業的投資分析師認為他們就是「知道」哪一檔股票會表現比較好，所以從這個實驗我們也可以看到，專業的投資分析師不僅過度自信的現象更為嚴重，而且這種心態也會導致預測的準確度更降低。

由於上述的這些現象，所以華爾街流行一句話：「金融市場唯一最準確的預測就是，那些股市預測幾乎都注定是錯的！」《黑天鵝效應》的作者納西姆・塔雷伯（Nassim Taleb）曾經說過一則很有深意的笑話：「有一個金融機構

的交易員聽了公司的首席經濟學家對於黃金價格走勢的預測之後，對於黃金做了一筆大交易卻賠了很多錢，因此公司要求這位交易員離職，但這位交易員卻很生氣地對老闆說，做出錯誤預測的是公司的首席經濟學家，你應該是要叫他離職而不是我！老闆對這位交易員說：「白癡，公司叫你離職不是因為你交易賠了大錢，而是你竟然笨到會去相信經濟學家……」

下次當你聽到有人「非常肯定」地預測下一年度的股市走勢，最好的辦法就是遠離這個人，對方說得越肯定，你就必須離他越遠而且越快越好。否則如果你聽信了這些人對於市場走勢的預測而賠錢了，別再怪罪這些「專家」的預測錯誤，最需要檢討的是你自己，因為你誤信了這些預測。

▌為什麼人們會那麼相信專家的意見

人們在面對專家或老師，通常都會有種莫名的尊敬、信任甚至是服從的心態，這點在華人社會中更是如此，我們從小在學校就被教導要無條件服從老師，不能質疑老師的教導，長大之後這種尊敬、信任與服從的心態更是擴及到了各種專業人士身上，彷彿只要被冠上了專業人士的標籤，這個人所講的話就是真理。

關於這方面的實驗，最著名的就是米爾格倫實驗

（Milgram Experiment），這是 1963 年由耶魯大學心理學家斯坦利‧米爾格倫所做的，這個實驗的目的，是為了測試受測者在面對權威者下達違背良心的命令時，所能發揮的拒絕力量到底有多少。實驗開始於 1961 年 7 月，也就是德國納粹黨徒阿道夫‧艾希曼被抓回耶路撒冷審判並被判處死刑後的一年。米爾格倫設計了這個實驗，便是為了測試艾希曼，以及其他千百萬名參與了猶太人大屠殺的納粹追隨者，有沒有可能只是單純地服從上級的命令呢？

實驗的方式是，實驗小組告訴參與者，這是一項關於「體罰對於學習行為的效用」的實驗，參與者被告知他將扮演一個「老師」，然後他手上會拿到一張題目卷，參與者同時被告知隔壁房間有一個人扮演「學生」，「老師」看不到隔壁這個「學生」，但是可以聽到聲音，他這個「老師」必須先將題目與答案念一次給隔壁的「學生」聽，然後開始進行考試。如果「學生」的回答是正確的，就進行下一題，如果「學生」的回答是錯誤的，「老師」就會按下一個按鈕並對「學生」施以電擊，每答錯一題這個電擊的強度（伏特數）就會增強，通常超過 330 伏特就會對人體產生傷害，而這個實驗設定最高的強度是到 450 伏特。參與者並不知道其實隔壁的「學生」是實驗小組扮演的，會經常故意答錯問題，而且實際上「學生」並沒有真正遭到電擊，只是會假裝發出慘叫聲，讓這個「老師」以為對方是真的受到電擊而且很痛苦，

其中一位「老師」甚至被告知，隔壁的「學生」是有心臟病的。

隨著「學生」不斷被電擊且電擊伏特不斷增強，有些「老師」感覺到隔壁「學生」的痛苦而希望停止，實驗人員就會跟參與者說「請繼續下去」或者「這個實驗需要你繼續進行」，要求參與者繼續進行實驗，直到參與者堅持要停止為止。好，看到這裡你認為有多少比率的參與者、也就是「老師」的角色，會在實驗人員的要求之下，狠心地去電擊一個自己完全不認識的人，而且將電擊增強到最高的 450 伏特呢？實驗之前米爾格倫跟他的團隊也進行了實驗的預測，他們認為大概只有 1% 左右的參與者會真的這麼狠心，因為這畢竟只是一個實驗而已，認為大多數的人不會真的只為了做個實驗去傷害一個陌生人，甚至是有心臟病的人。

實驗結果出來令研究團隊大吃一驚，竟然有高達 65% 的參與者都將對方的處罰程度增強到最高的 450 伏特！

這個實驗公布之後，讓我們更了解到，人們在面對專家（實驗人員）的時候，會願意做出多麼違背自己意願與理性的事情，之後有學者重複做同樣的實驗，也都得出類似的結果。

從上面的實驗我們了解到，人們對於「專家」的意見是很重視的，所以從事金融理財工作的人員更應該記住這件事情，因為你隨口的一句話可能就會造成客戶資金很大的影響。

▎長期的經濟預測也沒有比較準確

當你看到這裡應該已經知道，短期的經濟預測是很困難且經常失準的，但這並不是說經濟學家們就不需要去做任何的預測，只是我們必須知道這些預測都只是可能會發生的，也經常都沒有發生。你可能會想，是不是長期的經濟預測比較準確呢？其實不盡然，這裡就舉兩個過去全球比較大的長期經濟預測，但最後都沒有發生。

1. **日本第一**。大約 30 年前我還是學生的時候，書局的書架上到處陳列著日本第一的書籍，豐田品管制度、just in time 製造流程更是被製造業奉為最高準則與必讀的書籍，日本傑出的工業生產技術、電子產品與汽車工業橫掃全世界，在 80 年代，全球的認知都是日本遲早會主導全球經濟。美國到處充斥著日本將買下整個美國與日本第一的言論，很多學者都說美國時代已經結束了，日本時代即將崛起。回到 30 年前如果投資人要選擇一個全球最值得投資的股市，那肯定非日本股市莫屬了。結果 30 年過去了，日本不僅沒有成為全球最大的經濟體，甚至日本股市與經濟還經歷了所謂「失落的 20 年」，到目前日本經濟的前景仍然看不到明顯的曙光，現在再也不會有人認為未來會是日本主導的時代。

2. **石油將耗盡**。過去數十年來，每當國際原油價格飆漲，就會有專家或學者發表評論：「石油將會很快耗盡！」每次這種說法出現，都很難讓人不相信，因為大家都知道，石油是天然資源，並非是可以製造出來的東西，所以理論上來說，石油的存量是有限的，這很符合邏輯；再者，沒有人真正知道地球上到底還有多少石油的存量，所以一段時間我們就會聽到高油價時代已經來臨的說法。但真正的高油價時代卻從來都沒有發生過，到了 2014 年底油價已經跌破每桶 60 美元，這個價位已經低於許多國家的採油成本，主要原因之一就是過去這幾年美國頁岩油開採技術不斷發展，而造成石油供給過剩，這種事情在過去誰都沒有預測到，同樣我們也不會知道未來是不是還有其他新開採技術，或者新的替代能源出現完全取代石油，但從過去的經驗來看，高油價的時代或許永遠都不會來臨。

上述這兩個例子其實看起來都是非常可能發生的，也很合理應該要發生，但卻都不曾發生，可見人們對於經濟的預測能力還是很差的，未來會發生什麼事情真的沒有人能夠知道，除非我們有如同《回到未來》電影中的時光機能夠一下子回到未來。所以，我們經常會看到有些金融機構會發表如

2050 年經濟大預測、未來 30 年經濟大趨勢等文章或書籍，這種長期預測總是很能吸引讀者，但是其準確性卻都值得懷疑。

▌氣象人員是如何做預測的

前面提到專業人士的過度自信更為嚴重，知名的財經分析師詹姆斯・蒙帝爾（James Montier）在其著作《為什麼賠錢？：弄懂投資最常見的 16 種心理陷阱》（The Little Book of Behavioral Investing：How Not to Be Your Own Worst Enemy）中提到，曾經有學者做過研究，找來了一群專業的氣象分析人員與一群專業的醫生，研究人員給了這群專業氣象分析人員一些氣象資料的圖表，然後請他們根據這些資料預測之後的氣象變化？還有他們對於自己的預測是否具有信心？同樣的，研究人員也給了這群專業醫生一些病人的身體檢查數據資料，然後請這群醫生根據這些數據推斷這個病人的身體狀況或可能的疾病為何？同時也寫出他們對於自己的診斷是否具有信心？結果頗令人出乎意料，這群專業氣象分析人員中大概只有一半的人認為自己的預測是準確的，實際的結果也差不多就是 50% 的人的預測是準確的；反之，有 90% 的醫生肯定自己的診斷是正確的，但結果卻只有 15% 的醫生診斷是對的！

　　分析這兩群專業人士的不同點在於，氣象人員很清楚知道影響氣象的變數太多了，因此要成功預測氣象的變化是很不容易的事情，所以我們可以看到，現在氣象人員播報的方式都已經改為明天各地下雨的機率是 10%、30% 或 50% 等等，不會直接說明天會是晴天或是雨天，以免萬一說晴天，結果卻下雨，會被觀眾罵死，因此氣象人員都很清楚知道自己的預測能力，所以對於氣象的預測信心程度自然就會降低。反觀醫生為什麼會對於自己的診斷那麼具有信心呢？有很大的原因是因為工作性質的需要，想想看，如果有一天你去看醫生，告訴醫生說最近咳嗽很嚴重，你最希望聽到醫生告訴你：「不用擔心，這只是小毛病，這個藥拿回去吃一個星期就會好了。」聽到醫生這樣說你，就會很安心且快樂地離開，不是嗎？但如果此時醫生告訴你：「我也不是很確定你是怎麼了，你先拿這個藥回去吃看看，如果沒有好轉，下星期你再來看一次。」聽完醫生如此說，你會做何感想呢？可能會很不高興地想：「這是什麼醫生？一點都不專業！」所以我們可以看到，相對於氣象人員，醫生會比較有過度自信的傾向，這有很大的原因是出於病人的期待，病人都希望看到且聽到醫生是很有自信的，那麼財經專家呢？比較像氣象人員還是醫生呢？

　　從上述的例子可以清楚看到，因為氣象人員有自知之明，知道預測本來就會有很高的錯誤率，所以不會做出肯定

的預測，事實上金融市場也應該如此。很多財經學者就建議，如果你真的因為工作或投資上的需要必須做出經濟預測，那麼最好的辦法就是如同氣象預測人員一樣，用機率的方式去預估，而且必須是明確的機率數字，而不是用「有點可能」、「可能」或「非常有可能」這類不是很明確的字眼來表示。英國的金融時報（Financial Times）就知道應該如此做，該報經常會在文章中分析國際政治與經濟的變化，當需要預測未來可能發生的政經事件時，通常都會加上發生的機率為多少，例如發生機率為 1/10 或 6/10，這樣從機率上來看，讀者就能夠更清楚知道這些事件並不是肯定會發生，而是發生機率高低的分別，這種做法投資界的人士應該參考才對。

▌我知道誰無法預測金融市場

其實我不知道誰「能夠」預測金融市場，但我知道誰「不能夠」預測金融市場，下列的這些人是無法預測金融市場的，提供讀者參考：

- 經濟分析師
- 股市分析師
- 財經節目的股市專家
- 理財人員／投資顧問

- 基金經理人
- 政治人物
- 經濟學家
- 你的股票交易員
- 你的鄰居
- 你的親戚
- 你自己
- 我

　　我可以肯定告訴讀者，上述這些人都無法預測金融市場的走勢。有一本知名財經書籍叫做《漫步華爾街》（A Random Walk Down Wall Street），是少數非常暢銷的財經書籍，該書的作者是墨基爾（Burton Malkiel），2014 年底媒體希望他能夠預測一下 2015 年的股市走勢，高齡 82 歲的墨基爾就告訴媒體：「沒有人能夠在這個時候準確地告訴你 2015 年哪些類股會是真正的贏家，相信我，真的沒有任何人有這個能力。我從來都不知道有誰能夠準確地預測金融市場，我也沒有任何朋友知道有誰能夠準確地預測金融市場。」

● 快速結論 ●

　　下次當你聽到有人告訴你，某某股票、基金、匯率未來一定會如何的時候，對方如果説得越肯定，你就應該要離他越遠越好。

7

你看太多財經資訊了

「過去這幾個星期，媒體的頭條新聞可能會讓你相信股市中的某些大事可能正在發生當中，股市是否正在創新高？或者即將形成頭部進入回檔？其實都不重要，到頭來你會發現，你只是在自亂陣腳，沒事找事，因為這些都不是你可以控制的因素，而我們所能夠控制的事情是，打開靜音按鈕，避開這些噪音。」

——《真希望我第一次買股票就知道這些事》作者

卡爾‧理查茲（Carl Richards）

小女孩：叔叔，能換我看電視了嗎？有一個電視首映的影
　　　　片快要開始了。

我　　：但我很想看這個節目耶！

小女孩：這有什麼好看呢，都只是一堆人在講話。

我　　：因為快要選舉了啊！

小女孩：你不是已經決定好要選的人了？

我　　：是啦，但我還是很想看。

小女孩：每天不都是同樣這些人在上電視嗎？

我　　：也對，都是這些人。

小女孩：雖然我不是聽得很懂，但好像他們講來講去都是
　　　　差不多同樣的話。

我　　：（笑笑）你也發現了，的確講來講去都差不多是
　　　　那些話。

小女孩：所以可以換我看了嗎？

我　　：（笑笑）好，沒問題，換你看了。

股市是沿著「擔心之牆」往上爬的

　　2014 年一整年全球金融市場都充滿各種令人不安的訊息，第一季就爆發了俄羅斯強行入侵烏克蘭事件，隨後以美國為首的西方國家紛紛對俄羅斯祭出經濟制裁，外資撤出俄羅斯，新興市場也受到波及。第二季末開始油價突然下跌，國際油價從每桶超過 100 美元跌到年底已經跌破了每桶 60 美元，跌幅驚人，各種猜測經濟陷入衰退的聲浪四起，令人擔憂。第三季末美國股市開始震盪，很多財經人士都宣稱股市將再次大跌，跌幅將不小於 2008 年時的金融海嘯。第四季開始，日本央行再度祭出巨額貨幣寬鬆政策，到了年底俄羅斯貨幣突然重貶，央行大幅提升利率，依然無法阻止重挫的匯率，令人再度想起 1998 年時俄羅斯爆發的金融危機。

　　如果你時常關注財經新聞，那麼整年下來你肯定會很擔心全球經濟的情況，進而擔心股票市場的前景，根本不敢進場投資。但你知道嗎？即使發生了如此多的經濟負面訊息，2014 年從 1~11 月，美國股市上漲了 12.6%，美國債券上漲了 5.9%，全球股票指數上漲了 5.2%，新興市場股票指數也上漲了 2.5%。

　　華爾街有一句諺語：「股票市場是在攀爬一座擔心之牆（the wall of worry）」，意思就是說，股市本來就有很多需要擔心的事情，但有趣的是，擔心的事情越多，往往股市

就爬得越高，而等到需要擔心的事情變少了，股市反而是容易下跌的。這是股市的特色，也是投資人一定要知道的，不然的話，你看越多的財經新聞你會越難投資獲利。

▌這是個最好的時代，也是個最混亂的時代

科技的進步帶來了人類生產力的提升，也帶來了經濟的快速發展，從 19 世紀、也是所謂「西方黃金時期」的開始，全球經濟產出明顯增加，根據英國經濟學人雜誌（The Economist）的一項統計，光是上一個世紀（20 世紀）人類的經濟總產出就超過所有人類以前的經濟產出總和，占了過去 2,010 年來（從西元元年到現在）總產出的 55% 之多。而本世紀，光是前十年就占了過去 2,010 年來（從西元元年到現在）總產出的 23%，可見人類科技的進步，對於生產力的提升是多麼快速！

本世紀以來最重要的科技進步當然就是網路科技，網路科技的運用加上設備（平板電腦、智慧型手機）的進步，讓我們現在真的是「彈指之間」就能夠掌握全球各種的資訊。現在越來越少人看實體報紙，幾乎都是透過網路查看新聞，因為實體報紙傳播資訊的速度太慢了，上網看新聞已經成為趨勢，加上現在報紙媒體都將新聞內容放在網路上免費讓大家看，使得我們能夠更快速了解全球市場現在正發生什麼事

情。

　　但資訊越多金融市場就會越穩定嗎？投資人就更能夠掌握投資訊息嗎？答案是未必如此。2008 年美國發生了百年罕見的金融海嘯，股市大跌超過了 50%，貝爾史登投資銀行被以極低的價格賣給了美國大通銀行，百年企業雷曼兄弟倒閉，每天媒體上不斷出現的壞消息告訴我們，現今的金融機構完全搞不清楚它們龐大的資產負債表裡面到底是由什麼東西所組成的，當然民眾也會陷入極度的不安，並且將大量的資金撤出金融機構，此舉導致金融市場更加混亂。美國資訊過量研究機構（Information Overload Research Group）在 2008 年底就曾經研究，資訊過量與金融危機之間的關係。

　　研究人員比較 1907 年的金融危機與 2008 年金融海嘯之間的差別，雖然，最後研究結果無法明確地量化資訊過量影響金融危機的程度有多大，但研究人員的結論是：「過去這幾十年來科技的發展快速，現在的交易員面前有多少的電腦螢幕？有多少的資訊在影響著這些交易員？回顧 1907 年，當時的交易員所具備的只有鉛筆跟幾張紙而已，但這已經足夠應付他們的工作所需。所以結論很清楚，現在金融市場的問題是資訊過量而不是資訊過少，而這個結果也降低了我們能夠減緩金融危機的能力，所以，雖然資訊過量並非造成金融危機的主因，但卻是加深其嚴重性的重要因素。」

▌ 資料越多雜音越多

　　美國科幻小說作家西奧多・史特金（Theodore Sturgeon）曾經創造一個名詞叫做史特金定律（Strugeon's Law），意思是說：在任何一個領域當中，90% 的訊息都是沒用的，雖然這種說法並不一定適用於每個行業，但用在金融領域上倒是很貼切的。網路的時代最不缺少的就是資訊，財經資訊當然也不例外，在無數的資訊中，90% 甚至更高的比率都是你可以也應該要忽略的。

　　我知道很多投資人都很關心投資相關的訊息，每天閱讀許多財經資訊，電視打開就是股市資訊頻道，電腦螢幕或手機隨時都在關心各種金融產品的即時走勢圖，生活似乎都被這些股價的波動所占據，也犧牲了許多與家人或朋友相處的時間。當然，如果做這些犧牲能夠賺到更多的錢，或許你會認為這是值得的，因為我們大多數的人都相信，付出越多就會得到越多，就如同我們相信：

- 花越多時間工作，收入就會越多。
- 花越多時間讀書，成績就會越好。
- 花越多時間關心你所種的植物，它就會長得越好。

　　但是，你可能不知道：

　　花越多時間閱讀財經資訊或觀察走勢圖 ≠ 能夠獲得更好的投資績效

為何會如此呢？主要有下列幾個原因：

- **經濟的消息大多已經充分反映在股價上了**

　　事實上所有市場公開的資訊中，絕大多數的訊息都已經反映在股價上面了，除非你所獲得的是別人所不知道的訊息，否則當你在公開媒體看到財經資訊，不論內容好壞，其實根據這些新聞來做投資決定都已經來不及也不必要了。經濟的壞消息一出爐，市場就會立即反映這個訊息，所以當你看到新聞，事實上股市已經將這些資訊都反映完了，會不會繼續跌，是要看大多數的投資人認為未來會不會更差。

- **經濟的壞消息 ≠ 股票市場的壞消息**

　　這點是造成很多投資人投資無法獲利的原因，也是過去幾年來很少投資人敢投資歐美股市的主要原因。例如 2008 年美國發生了百年罕見的金融海嘯，股票市場大跌，百年金融機構雷曼兄弟倒閉，企業倒閉無數，失業率大幅上升，因此到了 2009 年，我們在財經新聞上看到的報導也幾乎都是一面倒的壞消息，各種經濟數據都顯示美國的經濟情況是很糟糕的。看多了這種訊息，很自然地就會對這個市場非常悲觀，更不會想去投資美國，但是偏偏美國從 2009 年 3 月開始長達四年多的股市大多頭走勢，因為過去這段期間，美國股市有一個很特別的現象，那就是經濟面的壞消息就是股市的好消息，怎麼說呢？因為當經濟面顯示出來的訊息越糟，投資人就越相信美國聯準會（FED）會更加大拯救的力度，

股市就越不可能再下跌，因此就出現了經濟一路看壞，股市卻一路上漲的奇怪現象，那些敢進場投資的主要都是法人機構，大多數的民眾都沒有參與這幾年股市的上漲，最主要的原因就是被這些壞消息嚇到了。

美國華爾街有一句諺語：「不要與聯準會（央行）對抗」。意思就是說，當聯準會打定主意要出手拯救經濟，那麼經濟就一定會上來，股市當然也會先反映。而這點往往是散戶投資人無法看懂的部分，因此過去五年多來，總是有人不斷地說，美國經濟的復甦沒有那麼明顯、股市的上漲是假象……等等，結果每次預測股市即將大跌的看法都失敗。其實正是因為美國經濟的復甦沒有那麼明顯，所以美國聯準會依然需要保持極低的利率一段時間，也因此股市還能夠持續上漲，所以讀者一定要了解，經濟的壞消息並不等於股市的壞消息，更多的時候，經濟的壞消息可能是股市的好消息。

同樣的，2012 年歐元區的經濟負面消息不斷，歐元區國家的失業率高漲，歐債危機的新聞不斷地出現在各種媒體，歐元區國家之一的塞浦路斯這個小國，還發生了嚴重的銀行危機，市場也傳言這個小國將被踢出歐元區，甚至整個歐元區可能都會瓦解，當你不斷地看到這種消息，還敢投資歐元區或歐洲的股市嗎？相信大多數的人都會選擇遠離這個市場，但是歐洲股市在 2012 年的表現卻是很亮麗的，這又是一個經濟面的壞消息就是股市的好消息的例子。

　　但麻煩的是，有時候經濟面的好消息又會變成股市的好消息，2013 年中開始，美國聯準會（FED）的會議首次談到未來結束貨幣寬鬆政策（QE）的可能性與方式，消息一出之後，股票市場歷經了一段時間的震盪，但是很快地市場開始認為聯準會結束 QE 就是暗示美國經濟已經回穩了，因此接下來經濟面的好消息又會變成股市的好消息；反之經濟面的壞消息就會是股市的壞消息了。但是當我們不斷看到媒體報導各種經濟的壞消息，心理很難不受影響，更不太可能進場投資股市，因此散戶投資人是很難在股市低點進場投資，因為通常股市的低點也是經濟壞消息最多的時候，所以看越多的財經新聞，你會越不敢投資。

- **媒體報導的是過去發生的事情而不是未來會發生的事情**

　　金融市場中有一種指標叫做雜誌封面指標，它是一種反向指標，意思是說當知名且普及度很高的雜誌將某個金融資產的趨勢放上了雜誌的封面之後，通常也表示這個趨勢快要結束了。例如，美國在 1999 年，有很多的雜誌在封面上鼓吹民眾買進高科技類股，結果 2000 年開始，高科技類股就大跌了。之後 2006~2007 年，美國財經雜誌開始鼓吹民眾投資房地產，認為房地產只會漲不會跌，結果之後就發生了百年罕見的金融大海嘯。

　　人們有一種心理反應稱為最後資訊效應（recency effect），以財經訊息來說，最後資訊效應會讓我們對於最

近發生的財經事件最有印象，進而做出投資判斷。但我們往往忽略了一點，那就是財經新聞主要都是反映過去「一段時間」發生的事情，也就是說當你聽到這些新聞，如黃金大跌、新興市場股匯市重挫、美股大漲創新高等等，這些都不是你看到新聞時才剛發生的事情，而是過去幾個月甚至幾年所累積的結果。所以媒體上的財經資訊大多是已經發生且確定的資訊，而不是未來將會發生的訊息，身為投資人，我們要關心的是未來而不是過去已經發生的事情。

• 媒體新聞經常報導跟我們無關的訊息

《黑天鵝效應》作者塔雷伯曾經舉過一個很好的例子，假如現在發生一個事件，一輛汽車正經過一座橋，很不幸地這座橋突然斷掉了，車子掉進了水裡。請問你認為媒體會如何報導這個事件呢？媒體通常會將焦點放在這輛汽車上，汽車裡面的人是否有受傷？是哪裡人？正準備去哪裡？……等等，對吧！但這些事情其實都跟看到這些訊息的人無關（除了車子裡面這些人的家人），那麼什麼訊息才是有關的呢？塔雷伯說「橋」才是重要的資訊，為什麼橋會突然斷掉？是不是橋的結構有什麼問題？還有哪些橋是類似的結構？這些橋會不會也可能突然斷掉？這些才是對於看這個事件的人有意義的資訊，但通常媒體不會去報導。

• 媒體新聞並沒有太多解釋真相的功能

新聞資訊是從記者個人的觀點去說明一個事件，而且通

常在時間的壓力之下，即使記者想要更全面地去了解事件也是有困難的，因為對於新聞來說，「快」往往比「正確」更為重要，也因為如此，我們接收到的就是很表面、很不完整的訊息。更糟的是，如果每家媒體都告訴你類似的訊息（事實上台灣的媒體就是如此），你就會真的以為是如此。這就好像瞎子摸象一樣，第一個人告訴你他摸到的象是根柱子，你可能還半信半疑，等到第二個人、第三個人、第四個人都告訴你，他摸到的也是柱子，你就會相信大象就長得像柱子一樣，但你不能責怪媒體，他們並沒有騙你，他們也可能真的都摸到不同的象腿，只是無法告訴你全貌而已。

財經新聞更是如此，很多財經新聞都希望能夠找一個原因來解釋一個結果，這樣就比較容易敘述一個故事，例如我們經常會聽到這種報導：昨天美國股市下跌，所以造成今天的台股賣壓沉重，終場下跌 XXX 點。但這個「因（美股下跌）」跟這個「果（台股下跌）」之間可能沒有什麼直接的關係。影響股市變動的因素太多了，不會單純只因為美股下跌就一定會造成台股下跌，我們也經常看到美股前一天下跌，但台股第二天卻是上漲的，所以這種錯誤或過度簡單化的新聞資訊只會誤導我們的判斷。

• 媒體新聞會加深我們對事情認知上的錯誤

很多人常常會說，真相越辯越明。真的是如此嗎？如果真相會越辯越明，那麼台灣的政論節目就不會永遠都是各說各話了。真相無法越辯越明，就像我前面提到的，我們的大腦裡面會有確認偏誤的心理反應，所以我們大腦的運作並不會讓更多的資訊來協助我們釐清真相，而是會去找更多的資訊來支持我們原本的看法，如果原先的認知就是錯的，看越多的資訊會讓我們錯得更加堅定。

財經資訊也是如此，金融交易永遠都有看好跟看壞的一方，否則就不會成交，所以我們經常可以看到同一個金融產品，同時有看好與看壞的言論出現，如果你是已經有想法的人，此時就很自然會去選擇自己已經相信的資訊來證明原先的看法。例如，你看到新聞節目上說：「黃金價格過去一段時間大跌了 20%，市場拋售黃金，專家看壞黃金後市。」假如原本就看壞黃金的走勢，此時你就更加篤定黃金的後市並不看好。但是另外一個媒體可能是報導：一些機構法人（或很有名的避險基金經理人）認為黃金已經跌深，正在逢低買進。如果你想買黃金，這個新聞正好讓你更加確信應該要這麼做。上述的資訊可能出現在同一天，如果你是原本對於金價走勢沒有特定想法的人，看到了上述兩則新聞，可能還是不知道該如何判斷，這種情形其實幾乎天天都會碰到，所以多看財經新聞並沒有辦法讓你做出更好的投資決策。

　　以上就是新聞媒體的特性，假如你是個每天都會看新聞的人（不論是從報紙、電視或網路上），你每天看到的新聞少說也應該會有 30 則，這樣一年下來，你應該看過一萬則不同的新聞，回想看看，過去這一年你曾經因為看過哪一則新聞，讓你在工作、人生或投資做出了重要且有意義的決策或改變呢？相信是很少的。

▍非經濟因素很少會對經濟產生真正的影響

　　「電視報導，全球股市普遍下跌，由於克里米亞局勢不穩。」

　　「電視報導，全球股市普遍上漲，雖然克里米亞局勢不穩，俄羅斯不理會歐美制裁。」

　　如果你最近經常看電視新聞，那麼肯定已經被國際局勢搞得一頭霧水，現在到底該不該擔心你的投資？自從烏克蘭危機爆發之後，電視新聞就經常報導相關訊息，我們看到該地區出現了激烈的抗爭活動與衝突，之後俄羅斯出兵前往原屬於烏克蘭的克里米亞半島，一時之間讓人感覺到戰爭似乎一觸即發，然後只要發生股市下跌，媒體很自然就會說是因為烏克蘭的局勢不穩定所造成的，聽起來似乎很合理，但烏克蘭危機並沒有好轉，接著國際股市卻又普遍上漲。

　　像烏克蘭危機這種政治因素通常都會占據媒體很大的版

面，但這種非經濟因素對於股市通常不會造成什麼影響。哈佛與麻省理工的經濟學教授就曾經做過研究，分析過去美國歷史上曾經發生的 49 個重大事件，包括日本偷襲珍珠港、美國總統甘迺迪遭刺殺、韓戰等等。當這些重大事件發生的時候，都會讓人感覺像是世界末日即將來臨，經濟勢必受到巨大的影響，股市當然更不用說了。但研究結果發現，事實跟我們想像的不太一樣，這些非經濟因素的重大事件對於股市的影響是非常小的。

很多人投資虧損最可能的原因之一，就是看太多財經資訊！花太多時間觀察走勢圖，花太多時間收看股市節目、財經新聞等，這些都會讓你的心裡產生貪婪或恐懼，進而讓你做出錯誤的投資判斷，無法真正做到長期投資，所以投資是一件很奇特的事情——花越多時間去關心，通常獲得的成果會越差。

所以，每個投資人都應該先問自己這幾個問題：

1. 我有那麼多的時間去閱讀財經資訊、觀察股價走勢、了解金融市場的各種變化嗎？
2. 如果有這些時間，我是否有一套投資策略幫助我運用這些資訊獲得更好的投資報酬？
3. 我能夠承受金融市場漲跌波動所帶來的壓力嗎？
4. 我有比市場上的其他投資人獲取更高的投資報酬的條件嗎？

5. 過去的投資績效顯示，我花這些時間在投資上所獲得的回報是值得的嗎？

　　如果以上五個問題，你的答案都是肯定的，那麼就繼續平時所做的努力，因為那證明是有效的。否則，我會建議讀者，別再花那麼多時間關心金融走勢了，這些時間拿去運動、陪陪家人或閱讀一本好書都會更有意義的，更重要的是，你的投資績效可能會更好！

　　USA Today 曾經有一篇有趣的文章提到，「觀察鳥會比觀察金融市場的變動收穫更多」，文章中說到，「當你觀察鳥，是到野外空曠的地方，在那裡你會獲得新鮮的空氣，心情能放輕鬆，同時你也會學到更多與鳥有關的知識，但是當你觀察金融市場的變動，卻會變得更糟，因為如果股市上漲太多，你會擔心股市接下來可能會下跌，如果股市下跌太多，你會擔心股市會繼續下跌，一旦你開始擔心，做出錯誤決定的機率就開始上升，這點是你自己無法控制的……」所以，利用假日與家人去戶外走走，會比時時關心市場變動來得更好喔！

▌財經節目最重要的目標是吸引觀眾

　　美國一家研究機構 Dalbar 曾經發表一篇研究報告，該研究報告發現，1993~2013 年之間，美國標準普爾 500 指數

平均每年上漲 9.22%，但是這段期間內，股票投資人平均只獲利 5.02%，遠低於大盤的漲幅。為何會如此？部分原因就是投資人看太多的財經節目，因而做出一些錯誤的投資決策所造成的。

你可能會認為看電視節目是最不需要動大腦的事情，只是純粹打發時間。你錯了，看電視節目特別是財經節目是需要技巧的，如果不懂如何看財經節目，不單單只是浪費時間而已，事實上可能會讓你的投資虧損。喬希·布朗（Josh Brown）是美國財經界、特別是網路上相當受歡迎的一位財經專家，他也是一位作家，他的部落格與推特都受到廣大民眾歡迎，他也經常受邀上美國的一些財經節目，他經常告訴投資人要謹慎地看財經節目，他曾說：「讓我告訴你一些關於財經媒體有趣的事情，在所有類型的媒體中，財經媒體是最需要為它們的觀眾或讀者負責任，因為當你看流行時尚、藝術或運動節目時，很少有人會因為看了這些節目，就跑去買那些流行的時尚服裝、藝術品或根據運動節目的內容下注運動彩券，但人們看完財經節目之後，卻會告訴自己：我應該根據這些資訊做些投資決定！」

只有財經節目會讓人們有想要做某些事情的衝動，這很特別不是嗎？但我們不能夠完全去怪這些財經媒體，每個觀看財經節目的人都應該要知道，不管電視上的分析師是誰？有多麼專業？只有你自己才知道自己的情況，這些電視

上的專家所提的建議並非特別針對你的情況，所以千萬不要只聽了一些建議就真的做出某些投資決定。

　　人類的習慣常是看到一些重大的事情發生時，總會覺得似乎應該做些什麼反應，這也是我們人類的老祖宗能夠躲過許多災難與野獸，讓人類存活到現在的重要原因，但這種習慣對於投資卻是有傷害的。

　　我在下一章會告訴讀者，想要投資股票或股票基金，只有長期投資才是最正確的做法，但是如果你經常收看財經節目，那麼你是很難做到長期投資的。

▌逃離充滿噪音的地方

　　2009 年巴菲特接受美國 CNBC 的記者訪問，記者問到：「如果你到了荒島上，而這個荒島無法與外界聯繫，當你只能夠獲得一個經濟指標以判斷經濟走勢，請問你會選擇哪個經濟指標？」

　　後來外界稱此為巴菲特荒島經濟指標。該名記者其實問了一個很好的問題，該記者想知道在當今財經資訊與財經指標那麼多的情況下，到底哪個才是巴菲特認為最重要的資訊？其實投資人也應該經常如此練習，例如，想一想：「假如你必須到一個荒島住上五年或十年，在這段期間你完全無法獲知外界的資訊，那麼請問你去荒島之前，會如何安排

投資組合？你會將資金放在哪些資產上面？配置多少的比例？」

多做這樣的思考練習有助於將你的注意力放在五年後、十年後，而不是當下、下個月或下一季，這有助於擺脫你的大腦受到媒體的影響。其實經濟活動的變化都是長期的，很少會在一個月、一季當中產生很大的變化，但是每天無數的經濟消息會讓我們感覺好像經濟的變化很大，事實上這些經濟消息大多數都只是無用的雜訊而非有價值的訊號，所以投資人應該盡量將注意焦點放在長期的趨勢而非短期。

遠離這種噪音是很重要的，是巴菲特成功的因素之一，也是很多人想要學習的特質。巴菲特每年都會舉辦慈善午餐的競標，得標者可以與他共進私人午餐，詢問各種想問的問題。2008 年的得標者是美國的施皮爾（Spier）先生，他本身是一位基金經理人，也是牛津大學與哈佛大學畢業的高材生，管理一個資產規模 1.8 億美元的基金。2008 年的時候，施皮爾與朋友共同捐贈了一筆 65 萬美元的資金給巴菲特指定的慈善機構，因此獲得與股神巴菲特共進一次私人午餐的機會，他競標的目的當然是想跟巴菲特學習如何成為一位成功的投資人。經過那次與投資大師的午餐之後，施皮爾了解到，要成為一位成功的投資人，他必須立刻做出一些重大的改變才行，以下是一些他所做出的改變：

- 為了遠離華爾街這個充滿財經「噪音」的城市，他將辦公

室從紐約搬到瑞士。

- 他將自己的辦公室分為兩個區域，一個是有電腦與電視的辦公區，另一個是任何人（包括他自己）都不能帶電子設備與電話進入的圖書館區，那裡主要是提供閱讀與思考，他每天大多數的時間都是待在圖書館區。

- 為了避免看到金融走勢圖會引發交易的衝動，他規定自己每週只能查看他所管理的基金投資的股票價位一次。

- 為了避免受到股票交易員的影響，他只用電子郵件通知交易員下單的指令，而且絕對不打電話，因為他知道交易員一定會告訴他一些股市訊息，但他並不想要知道，而且一定在股市沒有交易的時間才會發出郵件。

- 長達 18 個月的時間，他只聽另一位投資大師同時也是巴菲特最重要的事業夥伴查理‧蒙格的演講。查理‧蒙格在那場演講當中舉出造成人類錯誤決策的多種心理因素，施皮爾透過不斷地聽這個演講內容來提醒自己，還有哪些可能會做出錯誤判斷的地方。

經過上述種種的改變之後，施皮爾所管理的基金績效每年比標準普爾 500 指數多出 5.5% 的報酬，取得相當好的成績（特別是最近幾年，連巴菲特的基金都很難打敗大盤指數）。

你從這個故事學到了什麼呢？相信應該學到了很多，其

中一個我特別要建議讀者的就是：丟掉你的股票機吧！過去二十年來，每次當我看到朋友拿著一台股票機時時查看股票行情，我都會勸他，「這個是最危險的工具，因為它會嚴重危害你的投資績效，拿著這個工具你很難真正享受投資獲利的。」雖然沒有人真正做過研究，但是我絕對相信觀看股票機的次數與投資績效是成反比的，也就是你越頻繁去查看股價走勢，就越不可能獲利。多年前美國曾經有個記者到巴菲特的辦公室去採訪，記者很好奇巴菲特這樣一個人物的辦公室會是什麼樣子，她想像等會兒會看到四處都是電腦螢幕，而且上面顯示著各種金融價格的即時行情，結果進到巴菲特的辦公室嚇了一跳，因為連一台電腦螢幕都沒有，當時該名記者問巴菲特，你怎會連個電腦螢幕都沒有？那麼你怎麼查看股票市場的行情呢？巴菲特回答：「我的股票都是長期投資的，我不需要知道今天股市的行情是如何，這對我來說根本不重要！」現在手機上的 app 更容易查看股價，連股票機都不需要了，只要有手機，每個人手上等同都有一台股票機，所以難怪施皮爾必須規定自己每週只能查看一次股價，施皮爾的故事的確能夠給我們很多重要的啟發。

　　大家都希望能夠獲得更好的投資報酬，但是施皮爾的故事讓我們知道，如果什麼都沒有改變，那麼這件事情永遠都不會發生在我們身上。所以，現在就為你自己的投資做點改變吧！

● **快速結論** ●

　　任何財經媒體所發表的說法，都不是針對個人的情況所考慮的，也不會為你的投資決定負責，所以千萬不要因為看了媒體的說法就貿然進行投資決策，這是很不智的行為。

金融市場中過多的雜訊會影響你投資的判斷。

8

——— 第八章 ———
穩賺不賠的投資方法

「當竹子的種子種下去之後，經過施肥和澆水，頭一年什麼都看不見，也沒有任何竹子增長的跡象，第二年依然是同樣的情況，然後到了第三年，竹子還是被細心地照顧、施肥與澆水，但卻仍沒有任何竹子增長的情形發生，什麼都沒有，然後不知為什麼，竹子就突然發芽並且生長，並在三個月之內就增長了 30 英尺。」

——知名激勵演說家，吉格・金克拉（Zig Ziglar）

小女孩：叔叔，你能幫我看一下我種的這棵樹怎麼好像開
　　　　始枯萎了？

我　　：你有澆水嗎？多久澆一次水？

小女孩：有啊，我都有澆水，每天早上跟晚上都會澆水，

我　　：每次都澆多少水？

小女孩：每次我都澆這樣一個水瓢的水。

我　　：你澆太多水了，這種樹是不需要很多水的。

小女孩：不是植物都需要水嗎？

我　　：植物都需要水沒錯，但是太多與太少同樣不好，
　　　　有些植物水分太多反而會讓根爛掉。

小女孩：是喔！

我　　：對啊，你現在暫時不要去管它，放著一個星期都
　　　　不要澆水，一個星期以後我們再來看看是不是有
　　　　好轉。

小女孩：所以我是太關心它，反而害了它？

我　　：沒錯，很多事情有時候關心過度反而是有害的。

　　詹姆斯·阿圖舍（James Altucher）是知名的財經作者，寫過多本暢銷書，如《學巴菲特做交易》（Trade like Warren Buffett）等，他曾提到，只有三種人能夠真正在股市中賺到錢：

1. 堅持永遠持有的人：典型的代表人物就是比爾·蓋茲（Bill Gates）與巴菲特（Warren Buffett），他們都是因為幾乎永久持有自己或所投資公司的股票而成為世界首富，他們給投資人的啟示就是：「建立有價值的投資組合然後永遠（forever）持有！」

2. 每秒交易上千筆以上的人：美國現在有很多高頻交易員（High-frequency Traders）能夠透過先進的設備每秒交易上千筆或上萬筆，雖然這些交易賺的都是利潤很微薄的套利交易，但一整天下來很少會賠錢，哪些人做這種交易呢？高盛、摩根史坦利等國際投資銀行都是箇中好手。

3. 有內線訊息的人：雖然內線交易是違法的，但這當中仍然有很多灰色地帶，有些人（例如公司大股東、高階管理層、基金經理人等）依然能夠運用資訊上的有利因素讓自己獲利。

　　如果只有這三種人能夠真正在股市中賺到錢，那麼我們一般的投資人最可能會是哪一種呢？很明顯的，不可能是第

二種與第三種，因為那是機構法人與公司企業的老闆才有辦法做到的，所以成為第一種長期投資的人才是我們應該學習的目標。

如果我問你：假設有一個人，他投資基金的績效卓著，你認為他最可能具有下列哪一種特質？

1. 經常研究國際財經局勢。

2. 經常閱讀各種財經書籍。

3. 經常與理財人員討論財經資訊。

4. 根本就忘記了有這些投資。

你可能會認為上面答案中的前三個都很重要，也都是可能的答案，但你錯了，最可能的答案是第四個：根本就忘記了有這些投資。我過去在外商銀行服務，就曾經發現過這個奇怪的現象。某天幾個同事聚在一起，說到有個客戶的基金績效特別好，不知道是什麼原因，其他的同事就慫恿該客戶的理財專員去問問看這位客戶，結果客戶回答：「原來我還有這筆投資，我自己根本就忘了！」你也許會說，這只是個特例，其實不然，美國富達基金（Fidelity）就曾經做過研究，針對其基金客戶進行分析，那些績效特別好的客戶都具備哪些特質，研究結果令人驚訝，績效最好的那群客戶共同點就是：「他們都忘了有這筆投資。」

▎巴菲特是如何賺到這麼多錢的

　　股神巴菲特是全球財經界最為出名的人物，也是唯一靠著投資技巧爬升到世界富豪前十名的人，當然也是所有的投資人都想模仿的對象。其實巴菲特成功的故事早在各書籍、文章中到處流傳，他的成功方法其實說穿了也很簡單，就是精準的選股加上長期的投資，如此而已。但多數的書籍或文章主要都探討他的選股技巧，對於長期投資這部分不是隱而不談，就是很少強調，其實這兩個因素是缺一不可的。本章主要就是要告訴讀者，時間在投資上的重要性。

　　巴菲特到底多會賺錢？我們先來看看幾個數據：

- 如果你在 1970 年投資巴菲特的公司 1,000 美元，那麼到了 2014 年底你的投資金額已經升值到了 486 萬美元。
- 如果你在 1980 年投資巴菲特的公司 1,000 美元，那麼到了 2014 年底你的投資金額已經升值到了 53 萬 2,000 美元。
- 如果你在 1990 年投資巴菲特的公司 1,000 美元，那麼到了 2014 年底你的投資金額已經升值到了 3 萬美元。
- 如果你在 2000 年投資巴菲特的公司 1,000 美元，那麼到了 2014 年底你的投資金額已經升值到了 3,200 美元。

　　巴菲特果然是股神，真的很厲害，投資技巧非常好，但你知道嗎？巴菲特的財富中，99% 是在他 50 歲生日之後才

累積出來的！看看下面的數據：

- 巴菲特的個人總資產是 633 億美元，其中的 627 億美元是他在 50 歲生日之後才累積出來的。

- 總資產 633 億美元中，其中的 600 億美元（大約是95%）是他在 60 歲生日之後才累積出來的。

　　從上面的數據你會發現，巴菲特絕大多數的資產都是他在 50 歲以後，甚至是 60 歲以後才累積出來的。所以我們在羨慕巴菲特具有高超選股技巧的同時，也不要忘了長時間投資的重要性，他曾經說過他投資一檔股票的持有期間是：**永遠**。而這點是最難模仿的。

▌投資股市最好的方法就是等待

　　過去這幾年我愛上了喝普洱茶，普洱茶是一種很特別的茶，屬於後發酵茶。在台灣最多人喝的應該是烏龍茶，這類的茶屬於前發酵茶，越新鮮喝越好，因此我們買烏龍茶，最好是買當年甚至當季新鮮的茶，通常過季的烏龍茶會比較難賣，價格也比較低。普洱茶則不然，普洱茶是一種後發酵茶，存放越久發酵程度越高，茶葉裡面的內含物質也對人體越好，所以普洱茶通常是當年度的新茶最便宜，然後存放越久價值越高，價格也越高，一片 30 年的普洱茶動輒數十萬甚至上百萬的都有。所以經常喝普洱茶的人通常都會買一些當

年度剛做好的普洱茶存放，幾年後就會有老茶可以喝，這樣就不需要花大錢去買老茶，我自己也是每年都會買一些新茶存放，當我買這些新茶，我心裡知道五年內我都不會去動這些新茶，至少要存放五年以上，我才會去打開這些茶來喝，因此著眼的是五年甚至更久以後，因為我知道普洱茶的價值需要時間讓它來產生。

　　所以收藏普洱茶最好也是唯一的辦法就是等待，我收藏的普洱茶平時都是靜靜地躺在那裡，雖然平時看不到茶葉裡面的實際變化，但我知道，五年、十年之後，我會喝到滿意的茶。給普洱茶時間去慢慢轉化其內含物質，給它越久的時間它就會回報你越好的茶。普洱茶的這個特點跟投資股市很像，想要投資股市並不需要有高超的選股技巧，需要的是你在大多數的時間耐心等待投資開花結果，特別是在市場波動時要能夠保持冷靜，不要輕易做出投資改變。

　　投資股市賺錢的方法當然不只一種，很多人想的是去挑選黑馬股，能夠從短期的股價波動中獲利。有的人想要去猜測股價的高低點，從中賺取利潤，但我們已經知道，這兩種方法都是相當困難的，大多數的人都應該選擇第三種方法，那就是長期地投資，耐心地等待。《股票作手回憶錄》（Reminiscence of a stock operator）是一本廣受歡迎的財經書籍，描述 1900 年代初期最偉大的股票與期貨投機客傑西‧李佛摩（Jesse Livermore）生平的故事，書中有一句李佛摩

經典的談話：「在這裡讓我告訴你一件事情，我多年在華爾街的打滾中賺過數百萬美元也賠過數百萬美元，我必須告訴你，我之所以最後能夠賺大錢，絕不是因為我有多麼聰明，而是我有足夠的耐心去等待，聽懂了嗎，因為我有十足的耐心！」

即使是知名的股票與期貨投機客，其賺錢的祕訣也不是去猜測市場的漲跌或挑選黑馬股，而是耐心地等待。

因此華爾街日報知名專欄作家賈森‧茨威格（Jason Zweig）就建議投資人：「一旦你投資以後，99% 的時間裡其實你什麼事情都不需要做，讓投資隨著時間去成長，這樣會更好。」

▌一張圖教你看懂如何投資賺錢

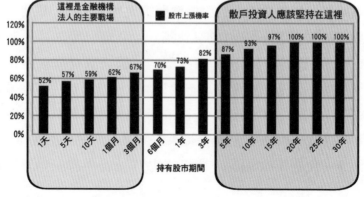

美國股市(1928~2013)

談到投資理財，前面這張圖是我個人最喜歡的一張圖，因為這張圖能夠充分解釋很多事情，首先我先來解釋一下這張圖在說什麼。這張圖的資料是美國標準普爾 500 指數從 1928~2013 年的統計圖表，表格的橫軸是指投資美國標準普爾 500 指數的持有期間長短，直軸指的是投資上漲的機率。從這張圖我們可以知道：

• 投資期間越長，獲利的機會越大

持有一天的時間，獲利的機率是 52%，所以持有的期間是一天，賺錢的機率只比丟銅板的 50% 好一點點而已。持有一個月，獲利機率提高到 62%，持有一年，獲利的機率提高到 73%，持有時間提升到五年，獲利的機率就大幅提高到 87%，如果持有時間能夠更提高到 20 年，基本上不論你是何時投資美國股市都不會賠錢的。所以從這個圖我們就可以清楚看到，如果有人告訴你投資股票很容易賠錢，這句話並不完全正確。關鍵不在於投資股票，重點是持有的時間長短，如果你投資股票持有的時間很短，那麼的確是很容易賠錢，但如果持有的時間很長，事實上投資股票反而是賺錢的機率比較高。

• 短期投資是金融機構法人主要的戰場

當散戶投資人面對法人機構，通常都是處於比較弱勢的，因為不論是訊息來源、資訊設備、投資技巧、資金等等，投資人都無法與機構法人相比，但只有一點是機構法人比較

不利的因素，那就是時間。機構法人，例如基金經理人，因為需要定期看到投資績效，所以基金經理人很難真正長期去投資，他們短期內如果沒有看到績效就會面臨很大的壓力，因此基金經理人被迫調整投資組合，這就是短期投資主要都是機構法人在競賽的地方。機構法人就如同運動比賽中的職業選手，而散戶投資人就如同業餘選手，既然短期投資是職業選手比賽的場所，你身為業餘選手跑到這個地方跟職業選手競賽，你認為贏的機率有多高呢？再者，因為金融機構都需要客戶經常買賣，越頻繁的買賣，金融機構就能夠收到越多的佣金，所以金融機構當然歡迎也鼓勵散戶投資人盡量短期投資，最好是每天都來買賣，但是在這個地方競賽，散戶投資人獲勝的機會是非常小的。

• **股票市場的長期趨勢是會上漲的，但是短期充滿不確定性**

我在本書中不斷強調股票或金融市場是個高度不確定性的市場，從這張圖也可以清楚看到，當投資的時間很短，股票上漲的機率只有一半多一些，所以當有人告訴你股票明天、下週或下一個月會上漲或下跌，這種說法聽聽就好，這種預測跟用猜的沒有太大的差別。另外，從圖表我們也可以看到，即使只有一天的時間，股票上漲的機率也有52%，意思就是說股票上漲的機率高於下跌的機率，所以即使是用猜的，你也要猜股市會上漲，這樣猜對的機率是比較高的。

看了這張圖你應該很清楚了，為什麼長期投資才能夠真

正賺到錢，因為長時間的投資才是投資股市獲利的保證。

▍投資與投機（或賭博）哪裡不同

　　我經常會聽到朋友說他不喜歡投機的事情，所以他不去玩麻將也不買彩券，因為這些都是投機（或賭博）的行為，而他喜歡投資，所以他選擇投資股票。通常聽到這裡我還不會有太多的意見，但是繼續聽下去卻發現他持有股票的時間都不長，都是短線操作。這時候我通常會告訴朋友，你這種行為其實就是一種投機（或賭博）的行為，但朋友大多會堅持：不，我是在投資股票。

　　你現在應該已經知道了，其實決定投資與投機（或賭博）的差別並不是你選擇玩麻將、買彩券還是股票，只要是不確定性很高的活動都是一種投機（或賭博），這可從前圖得到印證。

　　由於資訊網路的普及，人們獲取資訊的速度非常快，這樣的情況事實上也造成了投資人普遍持有投資的期間下降。根據美國的統計資料（如下頁表），所有的股市投資人平均持有股票或股票基金的時間，在 1940 年代平均每個人持有 7.1 年，而 1990 年代平均只持有 2.1 年，2000 年之後的十年裡面，平均每個人持有股票或股票基金的時間 1.1 年，現在更降到六個月而已，換句話說，大多數的股票市場參與者

時間	所有投資人平均持有投資的期間
1940 年	7.1 年
1950 年	4.2 年
1960 年	8.3 年
1970 年	5.2 年
1980 年	2.8 年
1990 年	2.1 年
2000 年	1.1 年
2010 年	0.5 年

都是在投機而不是投資了。

　　投資大師葛拉漢（Graham，也是股神巴菲特的老師）在六十多年前的著作《智慧型股票投資人》（The Intelligent Investor）中就寫到：「當你購買股票時，清楚區分是投資還是投機行為是永遠都有幫助的，但現在這個區分已經模糊了，這是令人擔心的！」這句話看似在描述現在投資人的行為，但卻是這位投資大師六十多年前所寫的，可見經過了六十多年，這種現象只有更為嚴重而已。所以，六十多年後的現在，另一位投資大師約翰·伯格（John Bogle，Vanguard 基金公司創始人）在其最新的著作《文化的衝突：投資與投機》（The clash of the cultures：investment vs.

speculation）中提到：「現今，大多數的人心中已經沒有投資與投機的區別了！」看完上述這些話，你還要短期持有金融商品嗎？

─● 快速結論 ●─

　　持有股票或股票基金的時間越長，上漲的機率就越高，且下跌的機率就越低，所以任何可能會讓你縮短投資期間的投資方式都是應該要避免的，時間才是投資人最好的朋友。

投資的時間越長，獲利的機會越大。

9

越簡單的系統越不容易失敗

「簡單比複雜來得更難，你必須要很努力保持腦袋清楚，才能夠設計出簡單的產品。」

——賈伯斯（Steve Jobs）

我　　　：你蹲在地上在看什麼呢？

小女孩：叔叔，我在看這群螞蟻。

我　　　：這群螞蟻有很特別的地方嗎？

小女孩：有啊，你看牠們都排成一條線來來回回不斷地前
　　　　進，好有秩序喔！

我　　　：對啊！很神奇的。

小女孩：而且有時候我調皮會故意切斷牠們前進的路，放
　　　　些障礙物在牠們前進的路上，結果牠們的隊伍就
　　　　被打亂，但沒過多久，牠們又會找到另外一條路，
　　　　然後大家又整齊地沿著這條新路走，真的好神奇，
　　　　不知道牠們是如何辦到的？

我　　　：其實螞蟻在前進的時候只根據一個規則，而且是
　　　　非常簡單的規則。

小女孩：真的，什麼規則？

我　　：這個規則就是跟著前面的螞蟻走，螞蟻會在走過的路上留下一些味道，後面的螞蟻就根據這個味道找到前面螞蟻所走的路，然後這隻螞蟻也會留下味道讓後面的螞蟻知道。

小女孩：是喔！就這麼簡單？

我　　：對啊，就是這麼簡單，螞蟻就是根據這些味道來判斷應該怎麼走，而且這個簡單的方法常常能夠讓螞蟻找到最短的路喔！

小女孩：好厲害，但是如果前面的螞蟻所走的路是錯的，怎麼辦？

我　　：沒錯，不一定每次前面的螞蟻都會找到對的路，有時候當然也可能會走錯，所以有時我們會看到一群螞蟻一直繞著圈圈不斷地走卻繞不出來，但多數的時候牠們還是會找到正確的路徑。

小女孩：哇！好有趣，竟然就是那麼簡單的規則。

我　　：是啊，你看螞蟻是那麼弱小的昆蟲，但是一個簡單的規則就能夠讓螞蟻群順利存活在這個世上而沒有被淘汰，神奇吧！

▌複合系統與複雜系統

本章一開始我們先來了解兩個名詞：複合系統（complex system）與複雜系統（complication system），為什麼要知道這兩種系統呢？因為這是存在我們週遭最常見的兩種系統，了解這兩種系統的差別能夠讓我們更清楚認識不同的事物是如何運作的。先來說什麼是複雜系統，這個系統指的是由很多單一的小東西所組成的系統，每個小東西都不太相同，而且這些小東西每個都有自己特殊的功能，由這些小東西共同組成的系統就是一個複雜系統，這種系統的特色之一，就是運作起來時，每次的運作方向都是相同的，也就是說這個系統的運作結果是可以被準確預測的。例如鐘表、電腦、手機等等電子、機械產品都屬於複雜系統。

另一種系統稱為複合系統，這種系統也是由很多單一的小部分所組成，但跟複雜系統不同的是，這些小部分彼此都是很類似的，而且彼此之間會相互影響，也由於這個系統中的小部分彼此之間會相互影響，所以整體系統運作的時候常常會產生不同的運作方向，也就是說這種系統的運作結果是無法被準確預測的。例如自然界中的動植物系統就是屬於一種複合系統，複合系統有著與複雜系統完全不一樣的特性。

了解這兩種系統的差別跟投資有什麼關係呢？有的，還記得我在本書的第二章曾經提到投資比較像科學還是藝術？

這個問題的答案就取決於金融市場是哪一種系統？如果金融市場是屬於複雜系統，那麼投資就比較像是一門科學；但如果金融市場是屬於複合系統，那麼投資就比較像是藝術。從上述的定義你應該就更清楚，金融市場是由各種投資人（包括散戶、機構法人、自營商等等）組成的一個系統，不同的投資人之間也會彼此相互影響，加上人的動物本能，所以金融市場是一種複合系統。了解這點之後，我們才知道在金融市場這種複合系統中用什麼方法投資才是最好的，這點我們來參考同樣是屬於複合系統的動物界。

▌ 簡單的規則才能夠適應不斷變化的外在環境

聽聽看專家是怎麼描述動物界的複合系統，尼可拉斯・佩羅尼（Nicolas Perony）是一位瑞士的動物科學家，2013年他受邀在近年來網路上很流行的 TED Talk 上面演講，演講題目為：「狗兒們，我終於吸引你的注意了」（Puppies！Now that I've got your attention, complexity theory）。他演講的內容主要就是告訴我們，他在研究動物這個複合系統中發現了哪些事情。

演講一開始他先說明為什麼他選擇這個看起來似乎很冷門的行業，他說了一個小故事，在他小的時候很著迷於動手做一些很複雜的機器，當時夢想長大要成為機器人的製造

專家。他大學念的是電機工程，畢業發表作品時做了一台很複雜的機器人，這個機器人有眼睛，眼睛能夠接收外界的資訊，也能夠沿著地上的白線前進與轉彎，他在實驗室裡不斷地修改程式與設備，直到機器人能夠每次都完美地沿著地上的白線前進與轉彎。作品發表當天，他非常有信心地在教授面前展示他的這台機器人，結果奇怪的事情發生了，他的機器人竟然無法正確地判斷地上白線的位置，沒有在正確的地方轉彎，就直接撞上牆，這個演示失敗了。事後他檢討了解到，是因為展示場所的燈泡亮度與實驗室的燈泡亮度有些微的不同，但這個小小的不同就足夠讓他這台複雜無比的機器人做出錯誤的判斷，他當時了解到：如果製作一台越複雜的機器，這個複雜的機器就越可能因為一個事前意想不到的小小因素而失敗。因此他放棄製造複雜的機器的想法，畢業後決定去了解與複雜系統完全不同的複合系統。

接下來佩羅尼提到，動物界的複合系統表面上來看，似乎是沒有運作規則的，但其實動物界的複合系統裡面經常都只是由一個很簡單的規則在主導，只要找到那個簡單的規則，就能夠看懂這個系統。而他的工作就是去找出不同的動物群體裡面複合系統中的那個簡單規則，他稱此為複合系統的簡單化。

演講中他還提到一個他曾經做過的有趣研究，研究對象是非洲的貓鼬，貓鼬這種動物是高度群體生活的動物，在這

個群體中彼此的角色分工很清楚，有負責找食物的、有負責站衛兵的、有負責照顧小貓鼬的，也有一隻明顯的領導者。平時一群貓鼬的活動，都是跟隨著一隻領導的貓鼬在移動，例如找食物。但是，佩羅尼發現到一個很奇特的現象，那就是當這群貓鼬找食物經過人類所建造的馬路，這個領導的貓鼬都會停下來，先讓其他的貓鼬過馬路，等到有兩、三隻貓鼬通過之後，這隻領導的貓鼬才會過馬路。

　　這個現象讓佩羅尼感到非常有趣，為什麼這隻領導的貓鼬不會自己先過馬路呢？是禮讓下屬嗎？當然不是，佩羅尼團隊研究的結果發現，因為貓鼬的領導者對於整個貓鼬群體來說是個非常重要的角色，如果這隻領導的貓鼬遇到災難死亡了，那麼整個貓鼬群就有可能會消失，所以貓鼬群體經過了幾百萬年的演化過程，已經發展出一種適應環境風險的簡單規則，那就是當遇到某種可能有風險的狀況（例如需要通過馬路），領導的貓鼬會讓其他的貓鼬先去嘗試這個風險。有趣吧！所以佩羅尼在結論中說到：「雖然動物的系統表現出許多看似雜亂無章或奇怪的行為，但其實動物的系統是運用一個簡單的規則去適應不斷變化的外在環境，也因為這個簡單的規則，讓牠們在經過數百萬年後還能夠存活下來。」

　　從佩羅尼分享的故事中，我們可以看到金融市場也有類似的現象，我在前面曾經分享過長期資本公司的案例。如同佩羅尼複雜的機器人一樣最終招致失敗，長期資本公司的

投資策略也是非常複雜的，平時的運作似乎完美無缺，結果最後由於一個大家事前都沒有料到的原因——俄羅斯公債違約，造成了長期資本公司的失敗。再看看另外一個財經界的例子，故事的主角是安卓・羅（Andrew Lo），產品則是2008年金融海嘯之後華爾街流行的一種新金融產品，稱為「流動性另類投資基金」（Liquid Alternative Fund）。

先來談談主角安卓・羅，此人大有來頭，他現在是麻省理工學院（MIT）商學院的財經教授，也是該校財務工程（Financial Engineering）實驗室的主任，是避險基金與財務工程領域最頂尖的學者與大師級人物，他以前擔任過美國波士頓證券交易所總經理，自己也創辦了一家以財務工程為操作策略的投資公司，在美國財經界相當知名且活躍，甚至被譽為具有財經界最聰明的頭腦！這樣的人物肯定是投資人希望為自己理財的夢幻人選，不是嗎？

再來看看產品，什麼是「流動性另類投資基金」呢？2008年的金融海嘯嚇壞了眾多的投資人，之後投資大眾對於投資風險的恐慌勝過追求投資報酬的欲望，因此期望金融機構能夠推出更多降低投資風險的產品。於是一種類似避險基金能夠靈活操作多空策略，同時又能提供資金流動性的產品出現了，這種產品就稱為「流動性另類投資基金」，這種產品的目的是希望讓基金獲得更穩定的報酬，同時又沒有一般避險基金缺乏流動性的缺點，這種產品能夠提供每日交易

的流動性，就好像藥廠推出一種藥效很好卻又沒有副作用的產品，這真是一種完美的金融產品，不是嗎？

完美的產品跟完美的基金操盤人真是再好不過的組合了，如果有人推薦你投資這樣的組合，你會拒絕嗎？我想多數人都是很難拒絕的。但如果你真的是這個產品的投資人，那麼現在肯定是懊悔不已，為什麼呢？因為這個產品從 2009 年 8 月發行以來，即使不考慮美國股市上漲超過 100%，美國債市也上漲超過 20%，而安卓‧羅所操盤的流動性另類投資基金竟然從發行開始至 2014 年 5 月底，將近五年的時間，下跌達 17%，更離譜的是這段期間竟然沒有任何一季的投資報酬是正的！

不論是前面幾章提到的長期資本公司或是安卓‧羅的「流動性另類投資基金」都有一個共同的特性，那就是：交易模型非常複雜。人們經常都會有個迷思，會認為越複雜的東西通常就越好、越精準，這種情況在機械上可能是如此，但運用在投資上顯然不是，知名財經專業人士湯姆‧布雷克（Tom Brakke）就曾說：「投資人經常有種迷思，認為數量模型越複雜越好，但實情卻是剛好相反，簡單的模型表現的比複雜的模型更好。」

網路上曾經流傳過一個故事，話說冷戰時期，美國與蘇聯這兩個大國爭相發展最新的太空科技，有一天兩國的太空人在外太空碰面了，彼此都互相吹捧自己國家的太空技術

有多麼進步，在雙方爭執不休之際，兩國的太空人相約下一次碰面，看誰能夠拿出一種能在外太空無重力的環境下也可以書寫的筆，之後雙方就回到了地球。美國的太空人回去之後，馬上召集眾多物理學家與科學家，埋頭研究如何在無重力的狀態下寫出東西，經過了無數次的實驗，最終發明出一種能夠順利在太空中書寫的筆。相約碰面的時間到了，美國的太空人信心滿滿地帶著最新科技的筆上了太空，見到蘇聯太空人，美國太空人很自豪地將這個最高科技的太空筆拿出來寫字，此時，只見蘇聯太空人不疾不徐地也拿出一支筆，成功順利地寫出字，美國太空人簡直無法相信，仔細一看，蘇聯太空人拿的是……一支鉛筆！

　　這個故事告訴我們，很多事情其實不需要想得過於複雜，看似無比複雜的問題，解決的方案可能非常簡單。投資金融市場也是一樣，你追求的是複雜的操作方法還是簡單的方法呢？從上述的幾個例子你應該認知到，在面對金融市場這種高度不確定性的複合系統中，找到一個簡單的規則可能更能夠適應不斷變化的金融環境，也更可能讓投資人順利獲利而不被市場淘汰。

▎專注在一個簡單的規則上面

　　投資要獲利不需要是天才或是懂很複雜的數學公式，你

所需要的就是專注在一個簡單的規則上面。巴菲特也是如此，他的投資規則就是——用合理的價格去投資一家優秀的企業，如此而已。大約三十年前美國的一家財經雜誌曾經發表了當時幾位具有十年優秀投資績效的基金經理人名單，有幾位當時大家都非常陌生，其中一位叫做埃傑頓・韋爾奇（Edgerton Welch），富比士雜誌（Forbes）的記者決定去採訪他，了解他的投資技巧。韋爾奇告訴記者他從來沒有聽過班傑明・葛拉漢（Benjamin Graham），也沒上過什麼投資學課程，更不懂什麼現代投資組合理論，他所做的事情就是拿起財經報紙，投資當時跌最多的一些股票，剩下的時間他就休息，也沒有再去管這些股票，一段時間之後再重複做同樣的事情，如此而已，他的投資規則就是——買最便宜的股票。

　　對大多數的人來說，投資也應該盡量這樣思考，運用一個簡單的規則就好，金融市場不斷在變化，具有高度的不確定性，而投資人會受到各種情緒的影響，使得整個金融系統變得變化無常，所以如果你想要用很複雜的投資方式去計算或猜測市場的變化與漲跌，只是徒勞無功而已。已經有無數的學術研究證實，決定一個人投資績效最重要的因素就是投資組合中的資產配置，當你在投資，資金是全部投資在股票？還是部分投資在股票、部分投資在債券？還是全部投資在債券上面？這個資產配置上的差別事實上就已經決定了你

未來 80%~90% 的投資績效了，所以對投資人來說，你的資金要分配多少比率到股市、多少到債券，這個資產配置是最重要的投資決策，而不是哪個股票市場會漲？所以，你的資產配置比率就是你應該專注的簡單規則，堅持這個簡單規則，就能夠在這個高度不確定的金融環境中安然無恙。

▌簡單的投資組合創造不簡單的績效

　　說到投資組合或資產配置，你可能會想到很複雜的數學公式，沒錯，投資學教科書裡面的現代投資組合理論的確有許多很複雜的數學公式，但是投資組合也可以是非常簡單的。「簡單」這個詞經常會讓人聯想到的是「不專業」這種比較負面的意思，但是商業奇才賈伯斯（Steve Jobs）透過產品設計告訴大家：簡單才是最困難的。只有金融機構才希望設計出很複雜的投資組合產品，例如連動債，因為這種複雜的產品才能夠讓客戶感覺到好像是非常專業的產品，也才能夠吸引客戶投資。

　　事實上，每個投資人都能夠自己建立非常簡單的投資組合去打敗大多數的基金經理人的績效。接下來我就來介紹幾個專業的財經專家所建議的投資組合，建立這樣的投資組合並不困難，你所要做的事，就是挑選一個適合的投資組合，然後依照投資組合上的比率去分配資金，然後就放著讓時間

幫你獲利，如此而已，夠簡單了吧！

• 投資組合一：耶魯大學捐贈基金經理人給投資人的建議組合

　　講到投資組合就一定要介紹這個鼎鼎大名的耶魯大學捐贈基金（Yale University endowment），這個基金是耶魯大學為了更有效管理外界的捐款所成立的，是由大衛・斯威森（David Swensen）負責該基金的投資管理工作，在他所管理的三十年期間，該基金每年平均的投資報酬率高達13.7%，而其他學校類似的基金所獲得的投資報酬率平均只有8.7%，每年平均足足高出了五個百分點之多，操作績效非常卓著。更特別的是，在斯威森剛接手這個基金的管理工作，該基金對於耶魯大學每年的財務支出的貢獻度占總支出的10%，現在這個比率已經超過了30%！所以，雖然斯威森的名氣與知名度並沒有像巴菲特那般響亮，但他是財經界所公認最偉大的投資人之一，被視為基金管理界的貝比魯斯（美國的棒球之神，是美國棒球史上最著名的人物）。

　　由於斯威森的操作績效驚人，外界都很想知道他的投資策略，但是他在該基金的投資方式需要比較大的金額，因此比較適合機構法人來操作，所以他在2005年特別為一般投資人出版了一本書《非傳統的成功》（Unconventional Success：A Fundamental Approach to Personal Investment），其中分享了一般投資人都能夠學習

的投資方法，他在該書中說到，一般的散戶投資人其實並不需要去追求打敗大盤指數，只要建立一個包含眾多市場與資產的投資組合即可，下頁表格就是他給一般投資人的投資組合建議。

表格裡資產類別當中，有些人可能比較不熟悉的是抗通膨債券，這裡說明一下這種債券跟一般我們比較熟悉的債券有什麼不同。債券其實就是一種「借據」，約定了還錢的時間與借錢期間所支付的利息，所以政府發的債券就是政府跟外界借錢的借據，公司發的債券就是公司對外借錢的借據。所以我們購買了債券就等於是借錢給發行單位，我們借錢出去當然希望賺取利息，那風險呢？最大的風險當然就是借出去的錢收不回來，也就是被倒帳的風險，除了這個風險之外，另一個風險就是我們賺取的利息被通貨膨脹給吃掉了，例如：假設有一個政府公債，承諾每年給予 2% 的利息，但假設未來的通貨膨脹是每年 10%，那麼我們雖然賺到了利息，但是扣掉通貨膨脹的影響，結果金錢的價值反而下降了八個百分點，這樣就很不划算，而債券到期時拿回來的本金也同樣會受到通貨膨脹的影響。

為了讓債券持有人不需要擔心通貨膨脹的風險，於是美國政府從 1997 年開始就發行了一種會跟隨通貨膨脹指數而調整面額的債券，也就是抗通膨債券。回到上述的例子，假設公債的面額是 1,000 美元，每年給予 2% 的利息，假設發

耶魯大學非傳統投資組合

資產類別	投資比率	一年報酬率	三年平均報酬率	五年平均報酬率	十年平均報酬率
美國全股票市場指數（Total Stock Market Index）	30%	13.98%	20.59%	15.46%	7.91%
美國房地產信託指數（REIT Index）	20%	30.56%	17.16%	17.32%	8.48%
抗通膨債券指數（Inflation-Protected Securities Index）	15%	3.03%	0.33%	3.77%	4.21%
長期債券指數（Long-Term Treasury Index）	15%	23.63%	4.01%	9.07%	7.37%
美國以外全球已開發國家股票指數（Foreign Developed Markets Index）	15%	-1.86%	11.81%	5.53%	4.83%
新興市場國家股票指數（Emerging Markets Stock Index）	5%	-1.79%	3.38%	1.69%	7.96%
投資組合	100%	13.94%	12.2%	10.94%	6.93%
美國標準普爾500 指數		15.36%	20.72%	15.33%	7.59%

截至 2014/12/17，資料來源：marketwatch.com

行後第一年的通貨膨脹是 10%，那麼一年後此債券的面額就會上調 10%，變成 1,100 元，而利息同樣是用調整後的面額去計算 2%，調整成每年 22 元的利息，由於本金與利息都會隨著通貨膨脹調整，所以這種債券就能夠讓投資人避免承擔通貨膨脹的影響，本質上也就比一般的公債風險更低，因此也很受到歡迎。

另一個投資人比較不熟悉的是房地產信託（REIT），投資房地產主要有兩種獲利來源，一個是房地產出租的租金收入，另一個是房地產升值之後賣掉的價差收入。租金的收入讓房地產信託（REIT）跟債券有類似的地方，而房地產升值後價差收入又比較像是股票，這兩個收入來源的特性，使得房地產信託（REIT）這個資產類別的投資報酬與風險大概是介於債券與股票之間。再來，房地產本質上就有抵抗通貨膨脹的特性，當通貨膨脹，房地產的租金與售價通常也會跟著往上調整，所以在投資組合裡加入房地產信託（REIT）也能夠更有效抵抗通貨膨脹的風險。

從上表我們可以看到，斯威森建議投資人將資金分配在幾個很分散且互相關聯性不高的資產上面，他認為大多數的人只要擁有這樣一個投資組合就足夠了，不同的資產類別相互之間可以平衡投資的風險。除了考慮風險的分散之外，20% 的房地產信託與 15% 的抗通膨債券設計，總共是 35% 的抗通膨資產，讓整個投資組合能夠很有效抵抗通貨膨脹所

帶來的風險。最後，投資組合的報酬率也是相當出色的，從長期的投資報酬率可以看到，十年的平均投資報酬率為每年6.93%，比起美國標準普爾 500 指數的 7.59% 稍微低一些，但是因為分散投資，所以風險會比單獨投資美國股市更低，這樣投資人就可以每天安心地睡覺，不需要太在意金融市場發生了哪些事情，因為不管發生什麼事情，斯威森的投資組合都已經幫你考慮到了。

　　這樣不是很棒嗎？很多投資人每天忙著研究市場，最後所獲得的投資報酬率可能比不上這樣一個「簡單」的投資組合，不是嗎？

● 投資組合二：咖啡屋投資組合

　　這個投資組合是由《咖啡屋投資人》（The Coffeehouse Investor）的作者比爾‧史克瑟斯（Bill Schultheis）所提出的，作者服務於金融業的時間超過三十年，經過這麼長一段時間的金融工作之後，他總結了心得，他認為：「當你越能夠簡單化你的投資，最終將獲得越多的投資回報，更棒的是，你也會擁有更多的時間來休閒、陪伴家人或從事其他有興趣的事情。」他也建議投資人，不要再浪費時間想要去挑選未來表現好的股票或基金，也不需要去猜測經濟的變化，更不需要嘗試去打敗大盤的表現，因為這是只有非常少數的專業人士才能夠辦到的事情。史克瑟斯說大多數的投資人只要記住三個簡單的原則就好：

1. 不要將雞蛋放在同一個籃子裡。

2. 天下沒有白吃的午餐，高報酬就會有高風險。

3. 隨時做好最壞情況發生時的準備。

　　從作者這本書的書名就可以看出來，他認為一般的投資人實在不必要花太多時間去思考投資上的事情，多花時間泡在咖啡廳裡享受美味的咖啡與浪漫的氣氛，比煩惱投資的事情好，所以他建議，想要當個咖啡屋投資人，就必須要清楚下列幾個觀念：

1. 咖啡屋投資人知道，他們應該要花時間去體驗更豐富的人生，而不是盲目追求獲利，不需要用投資組合中金額的高低來展現自我的價值。

2. 咖啡屋投資人只需要每年認真花一點時間來檢視自己的長期目標與投資組合，並做適度的調整。

3. 咖啡屋投資人知道，一個分散風險且適度偏好股票的投資組合，能夠長期給他們帶來滿意的投資報酬率，並且不需要承擔太大的風險。

4. 咖啡屋投資人知道，他們應該在人生當中去尋找更有意義的事情來做，而不是到股票市場中去尋找，因為那不僅會讓他們無法享受其他的興趣，也會對投資組合的長期報酬產生傷害。

5. 咖啡屋投資人願意將上述的觀念傳達給自己的朋友，讓他們也能夠享受更為豐富的人生，並且獲得更好的

投資結果，從此不會再受到華爾街人士的誤導。

一個在金融機構服務超過三十年的人，最後竟然告訴投資人不要再去浪費時間挑選股票、猜測市場的走勢，就像當

咖啡屋投資組合

資產類別	投資比率	一年報酬率	三年平均報酬率	五年平均報酬率	十年平均報酬率
全債券市場指數（Total Bond Market Index）	40%	5.16%	2.44%	3.98%	4.58%
美國小型價值型股票指數	10%	11.2%	21.35%	16.32%	8.17%
美國房地產信託指數（REIT Index）	10%	30.56%	17.16%	17.32%	8.48%
美國以外全球股票指數（Total International Stock Index）	10%	-1.8%	9.63%	4.47%	5.03%
美國標準普爾500指數（500 Index）	10%	15.17%	20.53%	15.16%	7.47%
美國價值型股票指數（Value Index）	10%	14.24%	20.38%	14.47%	7.06%
美國小型股票指數	10%	8.68%	20.46%	16.83%	8.9%
投資組合	100%	9.87%	11.93%	10.05%	6.34%
美國標準普爾500指數		15.36%	20.72%	15.33%	7.59%

截至 2014/12/17，資料來源：marketwatch.com

年秦始皇派出去尋找長生不老藥的人，出去數十年沒有任何
斬獲，因為這個東西根本就不存在一樣。

　　所以史克瑟斯建議一般投資人，只要建立一個這樣的投
資組合，之後就可以安心去從事你有興趣的事情，或者盡情
地去享受美好的咖啡滋味。

　　從前頁這個表可以看到，咖啡屋投資組合的幾個特色，
首先就是資產配置基本上是最典型的股票 60%、債券 40%
的分配比率，再來就是股票的 60% 裡面，是平均分配在六
種不同的股票類別，最後就是，在股票的分配，特別加了價
值型股票、小型價值型股票、小型股票，這是比較特別的地
方。這麼分配的原因主要是來自於美國法馬（Fama）與佛
倫奇（French）兩位財務金融教授的研究，根據他們兩位的
研究發現，市值較小與市值帳面比較低（也就是價值型）的
兩類股票，通常能夠帶來較高的投資報酬率，這個研究在投
資組合管理學上也被稱為法馬－佛倫奇三因子模型（Fama-
French three-factor model），因此咖啡屋投資組合中加入了
這三種資產類別，目的也是希望提升投資組合長期的報酬
率。

　　若單純從投資報酬率的數據來看，成績似乎稍差了一
些，當然最主要的原因是債券的比率高達 40%，而偏偏債
券最近幾年的表現並不理想，自然拖累了整體的投資組合成
績。另外，投資人可能也會想，今年以來的美國利率走勢讓

人感覺長達三十年的長期利率下降走勢似乎已經結束了，未來將面臨利率上升的情況，債券的比重還應該放這麼多嗎？

　　沒錯，會有這種想法是合理的，但首先要知道的是，史克瑟斯第一次提出這個投資組合的時間是在 1999 年，那已經是十幾年前的事情了，當時的利率環境跟現在當然是不同的，所以如果你相信利率的長期下降走勢已經結束了，那麼適度地調低債券的比重，例如從 40% 調低到 35% 或 30%，我個人認為是可以接受的。再來要知道的是，當史克瑟斯在 1999 年提出這個投資組合，市場上都嘲笑他 40% 的債券高比重是很愚蠢的做法，當時市場上最熱門的投資標的是所謂的高科技股票，結果這個大家認為「愚蠢」的投資組合，在之後 2000~2002 年連續三年的期間，每年的投資報酬率都比美國標準普爾 500 指數高出十五個百分點以上，之後沒有人敢再嘲笑這個投資組合了！

　　這個例子清楚的告訴我們，誰都不知道市場接下來會發生什麼事情，就如同史克瑟斯所說的三個投資原則之一，永遠要為最壞的情況做準備，而債券資產在投資組合當中的角色就類似提供保險的功能，當最壞的情況發生時，你就會慶幸事先已經買好了保險。最後，史克瑟斯當然也知道債券 40% 的比率是很高的，這也是他會加入價值型股票、小型價值型股票、小型股票這三種股票資產的原因，為了要在一般時期也能提供投資組合較高的投資報酬率。所以這個咖啡

屋投資組合的設計，表面上來看好像是很「簡單」的，但其實已經將各種情況都考慮進去了。

- 投資組合三：伯恩斯坦博士推薦的投資組合（Dr.Bernstein's portfolios）

　　伯恩斯坦博士本身是一位醫生，但因為對於投資組合研究的熱情，非常投入相關的研究工作，也寫了很多本相關的書籍，如《智慧型資產配置》（The Intelligent Asset

伯恩斯坦博士的懶人投資組合

資產類別	投資比率	一年報酬率	三年平均報酬率	五年平均報酬率	十年平均報酬率
全債券市場指數（Total Bond Market Index）	25%	5.16%	2.44%	3.98%	4.58%
美國標準普爾500指數（500 Index）	25%	15.17%	20.53%	15.16%	7.47%
歐洲股票指數（European Stock Index）	25%	-2.09%	13.29%	5.78%	4.95%
美國小型股票指數（Small-Cap Index）	25%	8.68%	20.46%	16.83%	8.9%
投資組合	100%	6.73%	14.18%	10.44%	6.48%
美國標準普爾500指數		15.36%	20.72%	15.33%	7.59%

截至 2014/12/17，資料來源：marketwatch.com

Allocator）、《投資金律》（The Four Pillars of Investing）
等等評價很高的書籍，同時伯恩斯坦也創辦了一個資產管理
公司（Efficient Frontier Advisors），將自己的投資理念實
際運用到協助客戶的資產管理上面，可說是研究投資組合領
域的理論與實踐者。

　　下面就是伯恩斯坦博士推薦給投資人的一個懶人投資組
合，非常簡單也不需要動用太多的大腦來選擇。

　　伯恩斯坦博士的懶人投資組合就是將資金平均分配到四
種資產上面，股票類資產占了 75%，債券資產占了 25%，
投資組合雖然很簡單，但是投資報酬率卻一點也不差，以十
年的長期投資報酬率來看，平均每年獲利 6.48%，比美國標
準普爾 500 指數的每年 7.59% 差一些而已。

● 投資組合四：小二學生投資組合（Second Grader's Starter）

　　這個投資組合會受到注意是因為雅虎財經新聞上曾經有
這麼一段新聞，那就是美國有個小孩凱文（Kevin），在他
八歲還是小學二年級的學生時，有一天他的祖母給了他一筆
資金作為獎勵，而他的父親因為是從事投資顧問的工作，因
此就藉著這個機會給了凱文一些投資上的建議，告訴他可以
如何投資這筆錢，結果凱文真的用了祖母給的這筆獎金作了
一個投資組合，由於獎金的金額並不高，因此凱文的這個投
資組合更為簡單，一共只有三種資產，組合雖然簡單，但幾
年下來投資報酬率卻很亮麗，因此受到了媒體的注意。

凱文的小二學生投資組合分配如下：

凱文的小二學生投資組合

資產類別	投資比率	一年報酬率	三年平均報酬率	五年平均報酬率	十年平均報酬率
美國全股票市場指數（Total Stock Market Index）	60%	13.98%	20.59%	15.46%	7.91%
除美國之外全世界股票市場指數（Total International Stock Index）	30%	-1.8%	9.63%	4.47%	5.03%
全債券市場指數（Total Bond Market Index）	10%	5.16%	2.44%	3.98%	4.58%
投資組合	100%	8.36%	15.49%	11.02%	6.71%
美國標準普爾 500 指數		15.36%	20.72%	15.33%	7.59%

截至 2014/12/17，資料來源：marketwatch.com

　　從上述投資組合的資產分配可以看到，雖然只有三種資產，看起來很簡單，但其中仍然是很有道理的，首先我們看到整個投資組合中股票與債券的比率是 90：10，股票的比率很高，原因是凱文還只是個小學生，可以投資的時間非常長，從投資組合的理論來說，風險的承擔能力也比較高，

而且長期來說股票的投資報酬率是高於債券的，因此這樣的分配比率能夠獲取較高的投資報酬率。再來，股票的比率裡面，美國股市占了 60%，國際股市的部分占了 30%。以美國股市的市值來說，占全球股市的比率大概是在 40% 上下，雖然上述的比率似乎美國的比重過高，但是考量到股市的透明度與安全性來說，加重美國股市的比率是合理的。

　　另外，凱文的父親也特別提到，雖然投資組合看似很簡單，但是這樣的資產分配就已經足夠了，特別是對投資新手來說。所以如果你是一位年輕的投資者，你的投資期限可以很長的話（例如超過二十年以上），那麼這是一個適合你選擇的投資組合。

　　再來看一下投資報酬率，一個這麼簡單且分散的投資組合，其長期的十年投資報酬率，平均每年也有 6.71%，表現還是不錯的喔！

● 投資組合五：長春藤名校的投資組合

　　這個投資組合是這本書《哈佛耶魯教你一輩子的理財規劃》（The Ivy Portfolio：How to Invest Like the Top Endowments and Avoid Bear Markets）裡面所提到的，作者密班・費波（Mebane T. Faber）和艾力克・李察森（Eric W. Richardson）主要是以兩個績效卓著的長春藤大學名校捐贈基金——耶魯大學捐贈基金和哈佛大學捐贈基金作為學習的範本。但就如同前面提到的，雖然這兩所大學的捐贈基金投資績效很好，

但是一般民眾很難直接去模仿它們的投資組合，主要有兩個原因：第一、這些大學捐贈基金的金額都很龐大，因此它們能夠投資一些避險基金或私募基金以達到更為分散風險並提高報酬率的效果。第二、這些大學捐贈基金的投資期限相當長（或者是說只要學校存在，這些基金就應該會存在，所以也可以說投資期限是永久的），所以它們通常會投資一些實體的大宗商品資產（例如木材），雖然這些資產能夠帶給基金長期較好的投資報酬率，但是這些資產短期的變現能力是很差的，所以一般民眾較無法也不應該去投資這些資產。由於上述的兩個原因，因此作者就用一個結合兩者基金類似的投資組合，稱之為長春藤名校的投資組合（The Ivy Portfolio）。

長春藤名校的投資組合

美國股票市場指數	20%
國際股票市場指數	20%
美國公債指數	20%
美國房地產市場指數	20%
大宗商品指數	20%
總計	100%

這個投資組合非常簡單，作者將這些長春藤名校捐贈基金裡面主要投資的幾個資產類別分為五大類，然後直接除以

五，各分配 20% 的資金，試算這個長春藤名校的投資組合的結果發現，投資績效相當不錯。

	哈佛與耶魯大學捐贈基金績效	傳統股票 60% / 債券 40% 的組合	長春藤名校投資組合（The Ivy Portfolio）
1985~2008 年平均投資報酬率	15.95%	11.42%	11.97%
1985~2008 年平均波動率	9.75%	11.4%	8.85%
與哈佛、耶魯大學捐贈基金的相關係數	---	0.65	0.8

從上表可以看到，雖然長春藤名校的投資組合看似非常簡單，但是投資績效的表現仍不差，比傳統股票 60% / 債券 40% 的組合表現還好，而且波動率更低，同時這個組合與哈佛 / 耶魯大學捐贈基金的相關性高達八成，顯示相關程度是很高的，所以是一般民眾能夠學習長春藤名校實際投資組合最簡單可行的模式。

定期檢視並適度的調整投資組合

上面介紹的五種組合都是非常容易建立的，你只要選定其中一種，依據該投資組合的分配去投資相對應的基金或者

是 ETF 產品，然後就完成了，很簡單不是嗎？從此不要再去猜測哪個市場會漲或會跌，之後唯一需要做的事情就是定期做適度的調整，稱為重新調整，這是什麼意思呢？

一旦我們設定好投資組合的分配比率並且開始執行，隨著市場價格的變化，投資組合中各資產的比率一定會開始偏離原先的設定，漲得多的資產占投資組合中的比率就會上升，而漲得較少甚至下跌的資產，比率就會下降。這個時候就應該將上漲比較多的資產賣掉一些，而買進一些比率下降的資產，讓整個投資組合中的分配比率再回到原來的數字，這就是重新調整（re-balance）的方法。

你可能會問重新調整有什麼好處呢？主要的功能就是讓資產分配的比率回到你原先設定的。你原先所設定的資產分配比率，正常來說就是已經考慮到投資偏好與風險接受程度，所以如果未來隨著市場的上漲，某個資產的分配比率偏高了：如果是股票的比率偏高，你投資組合的風險就會偏高（相對於你原先所設定的組合比率）；反之，如果是債券的比率偏高了，你投資組合的風險就會偏低，所以調整回來原先的比率才是正常的。

最後再提醒讀者，面對投資，千萬不要一味地想去追求高報酬，因為高報酬伴隨的就是高風險，而且常常還沒獲得報酬就先被高風險害了。在現在如此低利率的時代，如果能夠在風險不高的情況下每年獲得 5、6% 的投資報酬就應該

要滿足了。貝瑞‧史瓦茲（Barry Schwartz）在他的書《只想買條牛仔褲：選擇的弔詭》（The Paradox of Choice）中提到一個很有意思的觀點，那就是追求「最大化」的人與一個「滿足者」的人之間的差別。追求「最大化」的人會希望盡量去獲取所有的資訊，以求做出最佳的決策，但這麼做通常就意味你需要花更多的時間、精神甚至更多的金錢但卻不見得能夠獲得滿意的結果，因此也就會有更大的不滿意。反之，一個「滿足者」認為夠了就好，因為一開始的期待就沒有太高，反而會更滿意自己決策的結果，也因此會過得更好。

● 快速結論 ●

　　投資組合的建立是所有投資人最重要的投資決策，而不是哪檔股票或基金未來會不會漲？更不是何時應該買或賣？這些都不是重要的事情，每個人最應該做的事情就是建立一個分散風險的投資組合，僅此而已。

簡單、不易失敗的投資方法就是建立一個分散風險的投
資組合。

10

---- 第十章 ----

如何打贏一場輸家的遊戲？

「對於那些沒有將自己的投資原則寫下來的人，他們每次所做的投資交易都會是錯誤的，我所說的錯誤意思是說沒有依照你的投資原則，應該要經常檢視你的投資行為並且讓犯錯的次數降到最低。」

——知名投資交易專家凡‧撒普（Van K. Tharp）

小女孩：叔叔，今天學校作文課的題目是：我長大以後要
　　　　成為什麼？

我　　：那你寫什麼呢？

小女孩：我寫長大以後想當麵包師傅。

我　　：哦！為什麼想當麵包師傅呢？

小女孩：因為我很喜歡吃麵包啊，如果當麵包師傅我就可
　　　　以每天都吃到麵包。

我　　：這也是個好主意，但你會不會長大以後又想當別
　　　　的呢？

小女孩：不知道，有可能。但我不知道還有什麼工作。

我　　：對啊，其實是因為你並不知道還有什麼其他的工
　　　　作，等你上了國中或高中甚至大學以後可能又會
　　　　改變想法。

小女孩：也許，但我現在就想當麵包師傅嘛！

我　　：那你最不想當什麼呢？

小女孩：我最不想當蓋房子的人，因為我怕高，我也不想
　　　　當音樂老師，因為我的音樂不好，你為什麼要這

麼問呢？

我　　：其實你可以盡量去想你最不想當什麼，而不是想當什麼？

小女孩：喔！為什麼呢？

我　　：因為你對於很多工作都還不是很了解甚至完全不知道，所以先不用去想將來要當什麼，因為等你學習更多的東西之後可能就會改變。但你明確不想做的事情，以後改變的可能性比較低，現在不想做的事情，以後大概也不會想做，將來你在選擇要念什麼科系的時候就盡量避開這些你不喜歡的領域。

小女孩：這個想法很特別，我以前怎麼都沒有這樣想過。

我　　：其實這個方法你本來就會，就好像你在考試的時候，如果對於正確答案不是很有把握的時候，你通常會怎麼做？

小女孩：我會先將錯的答案先劃掉，留下幾個可能正確的答案，再慢慢思考。

我　　：對啊，這叫做消去法，我告訴你的方法就是先劃掉你最不想做的工作，以後再慢慢思考真正想做什麼工作。

小女孩：對耶，好方法，那老師的作文題目為什麼不改為：我長大後最不想成為什麼？

我　　：好問題！

　　本章是本書的最後一章，也算是本書的總結，在這個章節中我要告訴讀者，如何正確地學習投資，首先你要先知道投資是一種輸家的遊戲。

▌什麼是輸家的遊戲

　　2014 年的法國網球公開賽中，台灣之光謝淑薇獲得了女雙冠軍，這個消息令台灣人振奮與驕傲。台灣很多人都喜歡打網球，但你知道打網球的贏球策略嗎？美國統計學家西蒙·拉莫（Simon Ramo）在其著作《網球庸手的高超打法》（Extraordinary Tennis for the Ordinary Player）一書中提到，網球比賽分為兩種：一種是職業選手的比賽，一種是非職業選手的比賽（就像平時我們朋友之間的比賽），為什麼要這樣區分呢？因為拉莫發現這兩種比賽的贏球策略是不同的：

1. **職業選手之間的比賽是贏家的遊戲**（the winner's game）：因為職業選手們的控球技術都很好，彼此的球技差距並不大，因此想要贏球就必須盡量將球打到對手打不到的地方，因此開球的 Ace 球或者是回球到對方的邊邊角角地方就很重要，因為這樣才有辦法贏球，所以職業選手的比賽得分是要靠「贏來的」，是贏家的遊戲。

2. **非職業選手之間的比賽是輸家的遊戲**（the loser's game）：非職業選手的情況就不同了，因為控球的能力並不如職業選手那麼好，所以通常比賽得分是因為對手的失誤，回球掛網或出界而得分。因此一般業餘選手之間的比賽，不是打到對方球場的邊邊角角，而是盡量不要失誤，讓球安全地回到對方的球場，然後等待對方的失誤給自己得分，是靠對方的犯錯來得分的。

拉莫分析比賽的統計數據發現，職業選手的比賽，得分裡面有 80% 是靠「贏來的」，而業餘選手的比賽，80% 的得分是靠對方「失誤來的」。所以拉莫建議，如果你是一個業餘網球選手，贏球最佳策略就應該是要保守地打球，盡量將球打到球場中間的安全地帶而不是邊邊角角，然後等待對方錯誤地採取贏家的策略而失誤。所以當你玩的是一種輸家的遊戲，獲勝策略就是盡量不要去犯錯。

打網球如此，其實投資也是一樣，在全球金融市場的遊戲當中，誰能夠犯比較少的錯誤，誰的獲勝機會就比較大，因為我們是在玩一種「輸家的遊戲」而不是「贏家的遊戲」。所以聰明如投資大師巴菲特與其事業夥伴查理‧蒙格都說：「我們事業的成功並不是因為我們做了哪些聰明的決策，而是我們能夠保持長期不犯愚蠢的錯誤！」

　　所以要想打贏這場投資的輸家遊戲，首先要建立好自己的投資信念，然後就是避免犯錯。

▌建立你的投資信念

　　回顧過去幾年，你的投資績效如何呢？相信很多人的反應都是：慘不忍睹，不談了，還是期待未來吧！沒錯，過去幾年對投資人來說的確是很難賺到錢的，但是如果你沒有真正從中學到教訓，不要說是過去幾年，甚至未來幾年都還是很難賺到錢的。大多數人所犯的最大錯誤就是忍不住去猜測市場，我在前面幾章不斷提到，猜測市場是非常非常困難甚至是不可能的，如果你還是有些懷疑我的說法，那麼再來看看一個研究報告。

　　最近有一份研究資料，這是一家美國的金融機構 CXO Advisory Group 所做的研究，該機構分析了自 1998 年以來，金融市場上的 68 個所謂的「股市專家」所做過的 6,459 個預測，分析結果顯示，這些「專家們」的預測準確率整體來說只是接近 50% 而已！這個研究的結論顯示，這些專家的預測準確率跟你自己丟銅板來決定是差不多的。

　　看到這裡你應該已經很清楚了，想要挑選出未來的明星股票（或基金）是很困難的，而猜測未來的市場走勢更加困難，連股神巴菲特自己也承認他無法猜測市場走勢，你還想

要嘗試嗎？ 所以找到你所相信的投資觀念與投資方法，然後將這些觀念建立成你的投資信念，並且堅定地去執行，才能夠帶領投資人在投資的過程中打敗所面臨到的各種恐懼與誘惑。

你的投資信念是什麼？這是一個看似簡單的問題，但卻不容易回答，不信的話你現在就可以試試看，拿出一張紙，試著將你所相信的投資信念寫下來。能夠將你所相信的投資理念用文字寫出來是很重要的，因為這個練習會幫助你思考，建立屬於你自己的投資信念。投資信念就如同宗教信仰一樣，當我們碰到困難或面臨重大選擇，很多人都會透過宗教的信仰來協助我們度過或選擇，因為相信你的宗教，投資也是一樣，如果沒有投資信念，當你碰到金融市場變動、每天無數的財經新聞，甚至別人的言論都會影響你，讓你無所適從，進而做出錯誤的決策與行為。因此建立自己的投資信念是很重要的。曾經有學者研究發現，有清楚的投資信念跟未來的投資報酬率有著極大的關聯性。

下列幾點就是我所相信的投資信念：
- 金融市場中，任何事情都可能會發生，不可預期的事情也無可避免。
- 如果大家都想要某個資產，那我就應該要避開，不跟著群眾走。
- 風險就是更多無法預期的事情也仍會發生。

- 全球分散投資，關注長期的資產配置，忽略短期的市場波動，定期調整投資組合。
- 投資前做最壞的打算，投資後抱持樂觀的態度。
- 投資前做好功課，考慮所有可能發生的壞情況；一旦投資之後，無論發生什麼事，都要堅持下去。
- 清楚自己的能力，自己比市場上多數人更聰明嗎？應該不是。

　　以上幾點是我的投資信念，提供讀者參考。但我並不是要說服讀者一定要跟我的投資信念一樣，只要是你相信的且適合你執行的就好。

▌成功的祕訣之一就是大量廣泛的閱讀

　　每年到了五月的第一個週末，全球有大約三萬人會飛到美國內布拉斯加州（Nebraska）的奧馬哈（Omaha），因為他／她們都是巴菲特公司波克夏海瑟威的股東，此時他／她們都懷著興奮的心情去參加波克夏海瑟威公司一年一度的股東大會。巴菲特的公司年度股東大會可說是最奇特的股東大會，不會上演如其他公司股東大會常見的股東謾罵、分析師質疑等等的緊張戲碼，而是如同《巴菲特主義》（Pilgrimage to Warren Buffett's Omaha）這本書所說的，大家都是懷著朝聖、歡樂，像是度假的心情去聆聽巴菲特與副董事長查

理‧蒙格的談話。形容這些股東像是去「朝聖」可是一點都不誇張，因為就連查理‧蒙格自己都曾經說：「就某種程度看來，我們創造（指的是這群股東）的……是個狂熱的邪教！」

隨著巴菲特的年紀越來越大，股東們當然也開始關心接班人的問題，這幾年巴菲特也很積極在尋找接替他的人選，巴菲特最新僱用的兩位經理人分別是托德‧庫姆斯（Todd Combs）（42歲）與泰德‧威斯勒（Ted Weschler）（51歲）。這兩位經理人在2012年的投資績效都比大盤指數好很多，巴菲特也在2013年給股東的信中特別誇獎了他們一番，也給他們兩位超過5,000萬美元的獎金。

想知道他們兩位是如何幸運地成為巴菲特接班人嗎？奧馬哈時報（Omaha Times）曾經刊登一篇特別報導，內容提到接班人之一的庫姆斯多年前第一次見到巴菲特的時候，當時庫姆斯只是紐約哥倫比亞大學投資學課程上的165名學生之一，當天庫姆斯個人並沒有與巴菲特碰面，但是當天的啟發改變了他的一生。

庫姆斯說：「當天有一名學生問巴菲特，如果我將來想以投資當成終生的事業，我現在該怎麼準備？巴菲特想了兩秒鐘，從他的隨身手提包裡拿出一大疊的財務報表，然後告訴學生，你必須現在開始每天讀500頁這樣的東西，然後知識才能夠慢慢累積，最後知識就會產生它該有的效果，就如

同複利的功能一樣，這樣你就有機會成功。但是巴菲特接著說：「其實你們每一個人都能夠做到這一點，但我知道，你們當中只有很少數的人會真正願意這樣去做。」

而庫姆斯就是很少數幾個真正「願意」這樣做的人，那天開始他要求自己每天都必須至少閱讀 500 頁的公司財務報表，並每天記錄自己讀了多少頁的文件，直到後來，閱讀這些財務報表成了他每天必做的興趣與習慣。慢慢的，他每天可以閱讀 600 頁、700 頁甚至 1,000 頁。他說，巴菲特的這個方法真的對他幫助很大，讓他累積了很多的專業知識，也讓他真正了解如何尋找出有潛力的公司，與達成自己投資事業上的成功。

經常都會有媒體問巴菲特成功的祕訣是什麼，巴菲特的標準回答都是：「大量的閱讀」，他說所認識的每個成功人士都有大量閱讀的習慣，所以大量閱讀是非常重要的。你可能會說，我不是在前幾章才提到，閱讀太多的經濟資訊反而對投資有害？這不是互相矛盾？沒錯，我在前面的確說過，如果你經常閱讀財經資訊，你就很容易受到影響，做出錯誤的投資決定。所以如果你只是一般的投資人，不是在金融機構工作，也不想花太多時間在投資理財上，那麼你的確是不需要看太多的財經訊息，因為這些訊息很容易會影響你且誤導你，所以拿這些時間去陪陪家人或出外走走反而會更好。但如果你對投資很有興趣，或者是在金融機構上班，因為

工作的關係必須學好投資，就必須大量的閱讀。而且是大量廣泛的閱讀，不僅僅是閱讀跟財經有關的文章或書籍，還必須閱讀一些其他領域的資料，例如：心理學、歷史等等。我前面曾經提到，現在經濟學的一個分支是研究人類的心理如何影響投資行為，這就是行為財務學或行為經濟學的研究內容。所以多閱讀心理學方面的文章能夠讓你更清楚知道人們的心理是如何影響投資行為的。

　　猜猜看美國的基金經理人，念什麼科系的人最多，我們通常直覺的想法是：大概是財金系、企管系、會計系之類的，反正就是商學院的畢業生。但統計出來的結果令人驚訝，答案是：歷史系。歷史是一個很重要的知識來源，古人說受一次教訓學一次乖，但最好的方法是學習別人的教訓，而研讀歷史就是一種學習別人教訓的好方法。特別在投資領域中，透過閱讀過去的金融歷史，其實你會發現，過去這一百年來，人們因為貪婪與恐懼所犯下的投資錯誤總是不斷在重複發生。

　　知名財經作家威廉·伯恩斯坦在其暢銷著作《投資人宣言》裡就提到：

　　成功的投資人必須具備四種能力：

1. 需要樂於享受投資的過程，就像木匠、園丁或幼教業者那樣熱愛他們工作的過程。

2. 需要有很強的數學能力，只是懂得簡單的算術與幾

何，或者熟悉行情是遠遠不夠的。

3. 需要熟知從南海騙局、鬱金香狂熱到大蕭條的金融歷史。

4. 需要堅定不移地實施既定的投資策略，不論遇到什麼情況都要堅持。

以上，其中的一種能力就是閱讀金融歷史。我曾經到一所國立大學跟歷史系的學生演講，我特別告訴學生，過去大家都認為念歷史的人畢業後根本不可能進入金融業，更不要說成為基金經理人之類的職務。其實不然，如果你能夠精通金融歷史，你還是很有機會成為一位出色的金融人員，因為歷史總是不斷重演，而且能夠告訴我們許多寶貴的知識。

透過大量且廣泛的閱讀，你才能夠學到更多的知識，進而改正自己的錯誤。如同投資大師索羅斯（Geroge Soros）曾經說：「我的思考架構是，在做重大投資決策時，我會特別去思考我可能會犯下什麼錯誤，這點對我來說特別重要，我知道我可能會出錯，每當我如此想，我就更有機會去更正我的錯誤。所以當需要做重大投資決策時，抱持懷疑且偏執的態度是一種很健康的心態。」

▍用消去法來學習投資

本書一再強調的重點之一就是金融市場是具有高度不確

定性的，那麼在面對這種高度不確定性的環境時，人們該怎麼正確地學習投資呢？針對這點，暢銷書作家納西姆・塔雷伯有個很好的建議值得投資人參考，他在其著作《反脆弱》這本書中提到，面對不確定的事情，盡量用「消去法」去學習或選擇。其實「消去法」是我們每個人從小就會的技巧，只是長大之後就漸漸忽略了這個技巧。當我們還是學生，每次考試如果面對選擇題當中不確定答案是哪一個，我們會怎麼做呢？沒錯，我們會先刪掉確定不對的答案，然後留下可能是對的那幾個答案，再來慢慢思考哪個才是正確的，這就是「消去法」的運用。只是我們似乎都只會拿來用在考試，離開學校之後就忘記這個技巧。其實人生中有更多的事情需要我們去選擇，並且不知道哪個選擇才是正確的，也可能根本就沒有一個正確的答案，所以「消去法」這個技巧是很有用的。

　　例如，當我們想幫未婚的朋友介紹對象，我們經常都會問對方：你理想中的伴侶條件是什麼？當我們這樣問，是假設對方「知道」他／她理想的伴侶條件是什麼，但很多人其實自己並不真正知道這點。再者，他／她所開的條件，可能我們根本就找不到人可以介紹給他／她，要找到完全符合條件的人可能非常困難，最後就不了了之。其實更好的方法應該是問對方：你最不想要的伴侶條件是什麼？很多人其實能夠更清楚地列出自己不希望伴侶有哪些特質，從這個角度來

看，我們可能更容易找出沒有這些特質的人來介紹給朋友，所以避開錯誤的人，慢慢就會接近到正確的人了。

學習投資也是如此，我們都想成為巴菲特、索羅斯等知名且成功的投資大師，所以很多人都會想要去買介紹這些大師的投資書籍來看，希望能夠學習他們成功的投資方法。但事情不會如此簡單，否則書局或網路上介紹巴菲特的資料太多了，想學習他的人那麼多，為什麼一直沒有第二個巴菲特出現呢？我們不要一味地去學習投資大師的方法，他的方法不一定適合你，每個人的條件、情況都不同，更好的辦法就是了解什麼是錯誤的投資方法，然後盡量避免自己犯下這些錯誤，這樣你就會慢慢找到適合的投資方法。

伯納德・巴魯克（Bernard Baruch）是美國知名的投資傳奇人物，他年輕時是一位股票交易員，二十幾歲就有能力靠著賺到的佣金與投資獲利在證券交易所買下自己的席位，到了三十歲他已經靠著投資成為百萬富翁，也成為華爾街的知名人物。很多人都聽過一個故事，1929 年美國紐約有個投資人因為去街頭擦皮鞋，聽到擦鞋的小童推薦他買股票，他發現連擦鞋童都在推薦股票，可見股票市場已經是個過度投機的市場，於是擦完鞋之後就趕緊將全部的股票投資都賣掉，也因此順利躲過了之後發生的股市暴跌。

這位傳奇的投資大師在他的自傳中提到，他畢生都在投資界打滾，以他豐富的經驗奉勸投資人下列這些事情不要

做：

- 不要嘗試去猜測市場，除非那是你的全職工作。
- 不要輕信理髮師、美容師、餐廳服務員給你的「小道」或「內線」消息。
- 不要嘗試想買到最低點、賣到最高點，沒有人有辦法做到這點，除了騙子之外。
- 不要期待你每個投資都會如預測的上漲，當你發現投資了錯誤的股票時，盡快賣掉降低投資損失。
- 不要投資過多不同種類的股票，這樣你無法有效掌握這些股票的情況。
- 不要每種金融商品都去嘗試，專注在少數你最熟悉的領域就好。
- 不要將所有的資金都拿去投資（更不要去融資），永遠必須保留一部分現金以備不時之需。

　　以上幾點就是伯納德·巴魯克提醒投資人不要犯下的錯誤，讀者應該要牢記這些建議，因為**投資是一種輸家的遊戲，誰犯下的錯誤比較少，誰就更有機會獲勝**。另一個避免犯錯的方法就是經常聽聽跟自己意見不同的人的想法，諾貝爾經濟學獎得主康納曼就說：「如果你想要避免犯錯，一個好方法就是跟自己意見不同的人聊聊，而且你也應該跟自己有不同情緒的人聊聊。」

這是個很好的建議，我們大多數的人都喜歡聽到跟自己想法相同的看法，不喜歡聽到不同的聲音。但是當你研究很多成功的投資大師時會發現，這些成功的人不僅僅是願意接受不同的意見，他們也往往積極尋找跟自己不同的意見。查理・蒙格很推崇英國著名的生物學家達爾文（Darwin），他曾說：達爾文有個很出色的特質，那就是他非常客觀，為了怕自己太過於主觀，他總是無時無刻地在挑戰自己的想法，如果他發現有人反對大家都認同的看法時，他會立刻將這些話記下來。所以當你聽到大家都很看好某種金融商品時，不要急著投資，最好是能夠找到不看好這個商品的人，並且跟他聊聊，如果真的找不到，也讓自己冷靜幾天再做決定，這樣就能減少犯錯的機率。所以你現在知道，通常各種投資說明會的場合都不是你做投資決定的好時機。

由上面的說明，讀者應該知道，**從別人錯誤的經驗中學習比學習他人成功的經驗更有用**。所以我經常告訴別人，去閱讀過去金融歷史上失敗的案例（例如長期資本公司的例子）比閱讀成功投資的案例更有用。假設你到書局想要買一本跟投資理財有關的書籍，學習金融投資知識，此時店員推薦你兩本書，一本書名是《我如何快速在金融市場投資用10 萬賺到 2,000 萬》，另一本書名是《我如何在金融市場賠掉 1,000 萬》，請問你會買哪一本書？大多數的人應該都會選擇買第一本，因為快速賺錢是大家都喜歡的，也是很多

人學習投資的目的，所以書局中到處充滿這類書籍。但是我的建議是，你正確地選擇應該去買第二本書，因為你比較可能從這本書中學習到正確的知識。所以再一次提醒讀者，避開錯誤的行為你就會越接近成功。

　　本書的最後，我用一句話總結我過去二十年對於投資理財這個領域的認識，這句話就是：

　　「投資獲利的方法其實很簡單，但卻不容易做到。」

　　這句話看似很拗口難懂，其實很簡單，就好像以前的人說：早睡早起身體好。要想身體好，就是長期執行早睡早起。這個道理很多人都懂，方法也很簡單，但是能夠真正長期早睡早起的人卻少之又少。我們總是會找各種藉口告訴自己，今天晚上還有重要的事情要做、今天晚上需要應酬、今天晚上有好看的電視節目……等等，沒有辦法早睡早起，明天再執行，結果一天拖過一天就是做不到。

　　投資獲利也是如此，其實方法並不難，難的是你做不到，而做不到的原因，有內在與外在的兩種因素，內在的因素就是我們的大腦，大腦在面對投資事務，常常會造成我們失敗；除了內在因素之外，不斷變化的金融市場與金融商品價格就是困擾我們的外在因素。雖然有這些因素在干擾著我們，但好消息是我們依然有辦法戰勝這些干擾，只要你記住這個投資的成功方程式：

　　成功的投資 = 分散風險的投資組合 + 定期調整投資組

合 + 長時間的投資

只要你能夠做到上面公式的這三點，就能夠成功地投資獲利。上面的公式看似簡單，其實不然，特別是建立正確的投資信念是最困難的，投資信念就如同宗教信仰一樣，你必須要有堅定不移的信念，無論金融市場帶給你什麼誘惑或者打擊，都必須堅定地相信你的信念，這樣才有辦法執行投資策略，否則依然會失敗。一套簡單可行的投資策略，任何人都可以輕鬆做到這個投資策略，你不需要具備豐富的財經知識，也不需要研究任何的走勢圖。

● 快速結論 ●

老祖先說過：「失敗為成功之母」，這句話用在學習投資上是最為貼切的。因為，在投資的領域中，負面知識的價值遠高於正面知識，意思就是說，你想成功，去了解別人失敗的原因，然後避免犯下同樣的錯誤，這樣成功的機會就會高於學習別人成功的方法，因為別人成功的方法往往不是每個人都能夠模仿的。聰明與智慧的差別，在於聰明的人知道自己應該做什麼，智慧的人知道自己不應該做什麼，做個有智慧的投資人吧！

▌ 結論

看到這裡代表你已經快看完本書，但可能也已經將前面的一些內容與重點忘記了，所以就在這裡總結一下本書每一章節所提到的重點，讓讀者能夠快速回憶並記住書中所提到的重要投資觀念。

第一章主要告訴讀者要認清金融市場的一個最重要的特質——高度的不確定性，認清楚這點你才能夠做出正確明智的投資決策，也才能夠避免犯下致命的錯誤。影響金融市場的因素太多也太複雜，因此在金融市場中什麼事情都可能會發生，所以當聽到有人告訴你，未來的股市或經濟將會如何的發展，請記得一定要保持懷疑的態度，因為誰也不會知道金融市場「一定」會如何發展，只有「可能」會如何發展，當有人越是具有信心地告訴你金融市場將會發生什麼事情，你就要快速地逃離此人，越快越好。

第二章的內容告訴讀者，金融市場這種高度不確定的系統，其未來的走勢就如同動物的移動一樣，很難事前預知其移動的方向。而且這種有機體的系統並不像機器一般具有明確的因果關係，在機器中我們很清楚，移動哪個零件就會牽動到另外一個零件，影響彼此的因果關係很明確；但是在金融市場，不同因素之間的影響關係是很不明確的。例如央行的政策與股市的變動。很多人認為央行的政策是主導

股市很重要的因素（例如過去幾年的美國股市），美國財經界也有句諺語說：「不要與聯準會對抗（Don't fight the Fed）」，可見央行對於股市的影響很大，因此觀察股市的發展就看央行的政策就好。這個分析很有道理，但是也有一些專家認為，聯準會的決策事實上也會受到股市的影響，例如 2015 年聯準會是否會開始升息？何時升息？這個問題會受到股市的上漲或下跌所影響，這個看法似乎也很有道理。

因此，我們看到這兩個因素之間的影響似乎互為因果，但又不完全是受到對方的影響，更糟的是，我們無法知道聯準會的政策影響股市的程度有多少？或者是股市的變動影響聯準會的政策又有多少？這樣的情況下就很難正確地分析彼此的影響關係，而這就是金融市場的特性，眾多的因素會相互影響，所以造成分析金融市場是非常困難的一件事情，但也因為如此，很多人為了簡化分析的困難，就簡單告訴你因為 A（可能是利率、失業率、經濟成長、匯率走勢等等）如何如何變化，所以 B（可能是股市、金價、匯率等等）未來也會如何如何變化，本章的重點就在告訴讀者，這樣的分析是不正確的，也是不負責任的說法。

接著第三章的重點在強調一個很重要的觀念：運氣與技巧的分別。在人生中所經歷的很多活動其實都包含了運氣與技巧這兩種因素，這些活動包括考試、求職、選舉、追求另一半、運動競賽、賭博、創業、股票投資等等，而運氣與

技巧這兩個因素是決定我們在每個活動中是否成功的關鍵。只是在不同的活動當中，這兩個因素所占的比重是有些不同的，有的主要是靠技巧，例如棋類競賽；有的主要是靠運氣，例如賭博，而其他大多數的活動則是兩者皆需要，但麻煩的是，我們通常都會淡化「運氣」對這些活動的影響力，因為運氣很難衡量而且很難被複製，所以通常就直接將它忽略而去強調技巧的因素。

這樣的做法對於一些技巧占比較大的活動來說，問題並不大，例如網球比賽就是如此，運氣在這類活動中，雖然也會有所影響，但要贏得比賽，主要還是依靠技巧。但有些活動就不是如此，運氣的占比很高，例如成功創業與金融投資，在這兩種活動中成功的人士通常都會被描述成具有相當神奇的技巧與特質，也吸引很多人想學習這些技巧與特質，期望自己也能夠在這些領域成功，但通常這麼做並不會讓你也取得類似的成功，原因就是，他們的成功事實上有很大的成分（甚至可能是最大的因素）是因為運氣而不是技巧。因此讀者要記得，特別是在金融投資，真正具有投資技巧的人（如巴菲特、查理‧蒙格等）是非常非常少的。

第四章談的是我們的大腦對於投資決策所產生的影響，而且這方面的影響是非常巨大的，甚至有越來越多的財經專家認為，影響投資人獲利最重要的因素並不是投資知識而是投資行為，所以時時記住大腦可能會如何影響我們在投資時

的判斷，這是很重要的，之後我們才能夠針對這些影響做出相應的對策。

　　延續第四章所提到的，人類的大腦在面對投資時經常會產生一些誤判，其中最常見的誤判就是第五章所提到的型態（或模式、規則）與其衍生出來的技術分析方法。我們的大腦很習慣也很擅長將各種資料歸納分類，這是人類的大腦在遠古時代就進化出來的功能，這樣人類才能夠在很快的時間判斷出某個動物或植物是有害還是無害的。但是人類大腦的這種功能用在一些可能不是特定型態的系統上就會出現問題。畢竟動物或植物是有形的物體而且特性不會有太大的差別，上一次看到的老虎會咬人，你可以合理假設現在看到的老虎也會咬人。但是金融市場並不是這種類型的東西，上一次出現的型態跟這一次出現的型態，即使很多地方看起來都很類似，但是特性與其後續的發展可能完全不一樣，例如過去幾年很多人都會將美國股市的走勢拿來跟 1929 年或 1987 年之前的走勢做比對，同時也暗示股市很快就會大跌，當你看到這類的比較圖，會發現真的好像有許多類似之處，當然也很難不去相信股市即將重演過去大跌的走勢，但這種事情到今天為止都沒有發生。為什麼很多人喜歡用技術分析呢？因為人們的大腦很擅長去接受圖形與型態，但金融市場偏偏沒有固定的型態可去套用。另外我們也經常會聽到分析師告訴我們，股市現在正處在上升（或下降）的趨勢，這種說法

其實是很危險的，這就好像我們在百貨公司等電梯，電梯門打開後電梯小姐告訴我們，這部電梯是上樓（或下樓），當聽到電梯上樓（或下樓），我們當然就知道電梯接下來會繼續往上（或往下）；同樣的道理，當我們聽到股市正處在上升（或下降）的趨勢，我們的大腦很自然就會假設股市接下來會繼續往上（或往下）了，但股市的走勢跟電梯是完全不同的東西，誰都不知道股市下一步會往上還是往下。

　　在第六章，我提到金融預測的問題，「預測」是一個自古以來就存在的行業，由於人們對於不確定的未來感到恐慌，因此也希望有人能夠預測未來，幫自己指點迷津。在當今社會，除了算命師的領域之外，金融業大概是最依賴「預測」的，每天都有無數的金融從業人員在媒體、網路做出各種金融預測，投資人在面對各式各樣的預測，甚至不同的金融機構所做的預測完全相反的時候該怎麼辦？最好的辦法就是忽略這些預測，最主要的原因有兩個，首先，你根本無法在事前知道誰或哪個機構所做的預測比較準？再來，根據許多研究報告顯示，金融機構所做的預測通常準確度都很低，既然如此，那麼你為什麼還要相信呢？

　　第七章我談到一個比較少人談過的問題，那就是財經資訊對於投資人的影響。我們通常會認為看越多相關的資訊就能夠做出越正確的決策判斷，但是偏偏看越多財經資訊可能越有害，因為看財經資訊存在著兩個很大的問題，首先是正

確性，現在是網路流行的時代，各式各樣的財經資訊到處流傳、隨手可得，但這些資訊中有多少是真正有用的資訊呢？如果是無用的訊息，看越多不僅無法讓你做出更正確的判斷，反而可能還會做出錯誤的判斷。

再者，由於前面提到人類大腦對投資判斷的影響，當你看越多財經資訊，大腦無形中就會開始受到影響，而且連你自己可能都不容易察覺，特別是當看到極度樂觀或極度悲觀的資訊時（這偏偏又是財經資訊最常被呈現的方式），你的大腦就會自動告訴你應該要做出某些行為，進而讓你的投資結果受到影響。所以面對財經資訊，一定要謹慎選擇所看的資訊來源與內容，如同我們吃東西一樣，吃進肚子的東西會決定你的身體未來是否健康，你所看的財經資訊內容也會決定未來的投資結果。

第八章與第九章我主要談論兩個投資成功非常重要的觀念，一個是投資的時間長短，另一個是投資組合。在第八章中我一再提醒讀者，並不是產品決定你是否在投資還是賭博，而是投資時間的長短決定你是在投資還是賭博，投資的期間越短就越接近賭博；反之，投資的時間越長就越接近投資。記住這點，你就能夠避開很多錯誤的投資行為，太多人的投資虧損都是因為短線進出股市所造成的，而成功的投資人共同的特點之一就是長期投資，切記這點。

接下來第九章主要是談投資組合，這也是投資人很少會

關注的問題，大家都只想問哪一檔股票或基金未來會漲？看完本書你就會知道，事實上這個問題誰也不會知道，所以問了也等於白問，真正應該問的是如何分配資金在不同的金融資產上面，也就是投資組合該怎麼做？這就像是醫生開藥給病人吃一樣，所有的藥合起來才能解決病人的問題，而不是問醫生哪一顆藥最好，然後拚命去吃那顆藥。投資組合的建立其實比大多數的人所想像的還要簡單很多，最重要的是，從投資組合整體的角度思考投資，才不會陷入單一股票或基金的迷思，也才能夠在金融市場的各種波動情況下做到前一章所說的長期投資。

　　以上就是本書前面幾章所談論到的重點，希望你已經能夠充分理解與吸收了。

　　西方有一句諺語：「如果上了牌桌十分鐘，卻還不知道牌桌上最笨的是誰，那麼你可能就是最笨的那一個。」看完本書相信你已經不是牌桌上最笨的那一個了，最重要的，時時提醒自己，面對投資時千萬不要成為一位自信的傻瓜，讓錯誤的觀念，偷走自己的獲利！最後，感謝你購買並閱讀本書，也祝你投資成功。

觀念正確 誰也偷不走你的獲利！

誰偷走你的獲利 ？／陳志彥著 . -- 初版 . --
臺北市 : 今周刊 , 2015.04
　　面 ;　　公分 . -- (投資贏家系列 ; IN10015)

ISBN 978-986-91371-4-0（平裝）

1. 股票投資　2. 投資技術　3. 投資分析

563.53　　　　　　　　　　104005283

誰偷走你的獲利？

投資贏家系列 IN10015

作　　者	陳志彥	出　　版	今周刊出版社股份有限公司	
行銷企劃	胡弘一	地　　址	台北市南京東路一段 96 號 8 樓	
責任編輯	陳雅如	電　　話	886-2-2581-6196	
		傳　　真	886-2-2531-6438	
		讀者專線	886-2-2581-6196 轉 1	
		劃撥帳號	19865054	
內文排版	健呈電腦排版公司	戶　　名	今周刊出版社股份有限公司	
封面設計	Bert.design	網　　址	www.businesstoday.com.tw	
校　　對	王翠英 / 林偉國			
		總 經 銷	大和書報股份有限公司	
		電　　話	886-2-8990-2588	
發 行 人	謝金河	製版印刷	鴻霖印刷傳媒股份有限公司	
社　　長	梁永煌			
總 編 輯	巫曉維	初版一刷	2015 年 4 月	
		定　　價	320 元	

Investment

Investment